ウッドロー・ウィルソン

全世界を不幸にした大悪魔

倉山 満
Kurayama Mitsuru

PHP新書

はじめに——私はなぜウッドロー・ウィルソンを呪うのか

ウッドロー・ウィルソンとは何者か？

現在の人類の不幸の九割を、一人で作った極悪人です。極悪人でも生ぬるい言い方で、大悪魔と呼ぶべきです。そして、九割は控えめな数字です。これが大げさだと思う人にこそ、本書を読んでいただければと思います。

まずは、ご覧ください。ウィルソンを大きく取り上げた、私の過去の著作です。

- 『嘘だらけの日米近現代史』（扶桑社新書、二〇一二年）
- 『嘘だらけの日中近現代史』（扶桑社新書、二〇一三年）
- 『常識から疑え！　山川日本史　近現代史編　上「アカ」でさえない「バカ」なカリスマ教科書』（ヒカルランド、二〇一二年）
- 『歴史問題は解決しない　日本がこれからも敗戦国でありつづける理由』

（PHP研究所、二〇一四年）

- 文庫化して、『日本人だけが知らない「本当の世界史」』（PHP文庫、二〇一六年）
- 『大間違いの太平洋戦争』（ベストセラーズ、二〇一四年）
- 『世界大戦と危険な半島　真・戦争論』（ベストセラーズ、二〇一五年）
- 『嘘だらけの日英近現代史』（扶桑社新書、二〇一六年）
- 『歴史戦は「戦時国際法」で闘え――侵略戦争・日中戦争・南京事件』（自由社ブックレット4、二〇一六年）
- 『大間違いのアメリカ合衆国』（ベストセラーズ、二〇一六年）
- 『世界一わかりやすい地政学の本　世界のリーダーの頭の中』（ヒカルランド、二〇一六年）
- 『国際法で読み解く世界史の真実』（PHP新書、二〇一六年）
- 『国際法で読み解く戦後史の真実　文明の近代、野蛮な現代』（PHP新書、二〇一七年）
- 『真実の日米開戦　隠蔽された近衛文麿の戦争責任』（宝島社、二〇一七年）
- 『学校では教えられない　歴史講義　満洲事変』（ベストセラーズ、二〇一八年）
- 『嘘だらけの日独近現代史』（扶桑社新書、二〇一八年）
- 『ウェストファリア体制　天才グロティウスに学ぶ「人殺し」と平和の法』

（PHP新書、二〇一九年）

毎年必ず、ウィルソンの悪事を糾弾する本を上梓しています。今までも大まかなことは書いているのですが、まだまだ足りません。

本書は、ウィルソン批判の集大成です。私が学問を志したのは、ウィルソンの悪事を知らしめる為だったと言っても過言ではありません。なぜ私が、ウィルソンにこだわるのか。原点からお話しします。

私が大学院に進学したのは、平成八（一九九六）年四月です。一九九一年のソ連崩壊から五年が経ち、「いいかげんにマルクス主義歴史学なんて撲滅されているだろう」と考えて〝入院〟しました。

甘かった……。むしろ、社会で相手にされなくなった共産主義者が「ここだけは死守する！」と立て籠《こも》った場所が学界、特に歴史学の日本近代史の分野だった感がありました。

ちなみに大学までは入学なのに対し、大学院は〝入院〟です。もちろん卒業ではなく〝退院〟です。

それはさておき、当時は五十年に及ぶ米ソ冷戦が終結し、それまで日本でも猛威を振るっていた共産主義の言論が衰退していく状況でした。敗戦後の日本を「自虐的だ」と反省する言論も登場していました。そうした中で、いつまでも共産主義か反共産主義かだけを言っていても仕方がない。いずれ日本を弱体化させた勢力は駆逐されていくだろうと、私は考えました。

共産主義の大元は、ウラジーミル・レーニンです。共産主義がこの世に勢力を持つことになったのは、ひとえにレーニンが生き延びてしまったからです。では、レーニンが生き延びることができたのは、なぜか。ロシア革命干渉戦争の戦い方を間違えたからです。

ロシア革命干渉戦争は、第一次世界大戦末期の一九一八年一月から行われた、大国連合による共同武力干渉です。英仏がロシア革命を潰そうと呼びかけ、日本とアメリカが応じました。ただし日本とアメリカは、なぜ自分たちが呼びかけられたのか、この戦争の目的すら良くわかっていませんでしたが。畢竟《ひっきょう》、自分のやっていることもわからなくなります。

このロシア革命干渉戦争の極東戦線が、日本で言う「シベリア出兵」です。最近ではアメリカの文献でも「シベリア出兵」の語が使われるようになっていますが、あくまでロシア革命干渉戦争の一戦線であって、「シベリア出兵」などという独立した戦争が存在するのではありません。

日本の研究者でも、大正生まれの東京帝国大学出身で戦後に一橋大学教授となった細谷千博氏ぐらいの世代までは、革命干渉戦争の極東戦線だという認識です（『シベリア出兵の史的研究』有斐閣、初版は一九五五年。二〇〇五年に岩波現代文庫で再刊）。ところが、それより後の世代となると、ロシア極東史の専門家の原暉之《てるゆき》氏ですら「シベリア出兵」という独立した戦争があると勘違いしているのです（『シベリア出兵――革命と干渉　1917-1922』筑摩書房、一九八九年）。原氏でこれだから、いわんや他をや。もっとも原氏の場合は、わかりきっているから、そんなことをクドクドと説明しなかったとも推測できますが、最近の若い研究者は本当にわかっていません。

一次史料を読み込んで、事実関係を実証するのは重要です。ただ、それだけでは何をやっているかがわからなくなります。全体像をつかめず、目の前にある事実だけを見ていると、こうした勘違いが積み重なっていく典型的な例です。少し研究しただけで、視野狭窄《きょうさく》で全体像の把握ができない歴史学者が如何に多いかを痛感しました。

大きな歴史の流れで言うと、レーニンが生き延びたからスターリンが登場し、東欧諸国はソ連の支配を受け、東アジアでは中国共産党が力を持つに至ります。二十世紀後半には毛沢東に心酔したカンボジアのポル・ポト政権による国民の大量虐殺があり、北朝鮮に不当に拉致された日本人は現在も取り返すことができません。絶頂期のソ連は、地球上に大きな影響力を行使することとなりました。

かたや我が日本は、第二次世界大戦の敗戦国という情けない国際的な地位のまま、ただ諾々《だくだく》と過ごしているだけです。そんな日本をしり目に隣国の中華人民共和国は、軍事的にも経済的にも大国化しています。

こうした現在の日本を取り巻く問題を考えてみても、二十世紀に世界で武力紛争が激化してきたことからも、共産主義が国家を持つか持たないかの瀬戸際を決したロシア革命干渉戦争の誤りを検証すべきではないのかと考えたのです。

そして、歴史の研究をすればするほど、現代日本の問題点が見えてきました。共産主義が滅んだのに、なぜ日本は共産主義者の影響が強いのか。

色々と研究しているうちに、実は本当は共産主義者の影響など、強くないのではないかと考えるに至りました。その証拠に、ソ連崩壊後、「私は共産主義者です」と堂々と名乗る人は社会の中心からいなくなっていきました。ただし、ソ連も共産主義者もいなくなってからも、日本は情けない国のままです。

これはどうしたことか?

共産主義者の別名は、「左翼」「左」です。敗戦後の日本では明らかに左の勢力が強大でした。歴史学界など「左」の牙城です。ところが、本家本元の共産主義の総本山であるソ連が滅んでも、日本の左傾化が止まったようには思えませんでした。年が経つごとに共産主義者が減っていっているのに……。

学界の中に入ってみないと、わからなかった話をします。学問の世界にはゴリゴリの共産主義者も残っていましたが、確信的な共産主義者は退潮傾向にありました。古い世代の教授は、ソ連崩壊から十年くらいで退職していきました。本物の共産主義者、本物の左の先生は少数になっていきます。

それに取って代わって主流になりつつあったのが「薄ら共産主義者」「薄らサヨク」「左っぽい人たち」です。

そこで私の思考はロシア革命干渉戦争に戻りました。英仏はソ連を潰せないと考えるや、取るものを取ると引き上げました。日本は何の為に戦っているかわからず、鬼ごっこのような戦闘を繰り広げたあげく、最後まで極寒のシベリアに留まります。

問題は、第一次大戦を通じて、世界最大の大国となったアメリカです。その時、アメリカは何を考え、何をしていたのか。

大統領が狂っていました。当然、狂った行動を繰り返します。はっきり言いますが、レーニンを生かしたのはウィルソンです。ウィルソンのアメリカが本気になれば、間違いなくレーニンもソ連も地球上に生き延びることはできなかったでしょう。ところが史実では、レーニンもソ連も生き延び、人類は不幸となりました。その不幸は今も続いています。

まじめに研究するまで、ウッドロー・ウィルソンは「偉人」「聖人君子」「果たせなかったけど、世界に平和をもたらそうとした立派な人」と思っていました。とんでもない。極悪人です。あるいは大悪魔か。それも史上最大級の。

ウィルソンがやったことを軽く並べてみましょう。

●大英帝国に喧嘩を売る。

↓最終的に大英帝国の世界支配は崩壊。世界中の秩序が大混乱。

●ついでにフランスに喧嘩を売る。

↓イギリスと同じく世界中に植民地を持っていたので、秩序が大混乱。

●さらについでに日本に喧嘩を売る。

↓アジア太平洋を共産主義者に売り飛ばす結果に。

・ドイツ帝国を破壊。
↓戦間期大混乱の直接原因。結果、ヒトラーが登場。
ヒトラーはウィルソン主義の特に民族自決を忠実に実行。その惨禍は説明不要。
・ハプスブルク帝国を八つ裂きに。
↓バルカン紛争が激化。東欧北部にも飛び火。
・オスマン・トルコ帝国を抹殺。
↓バルカン、中東・北アフリカ、カスピ海の紛争を誰も止められなくなる。
・レーニンを生かす。
↓スターリンや毛沢東の他、世界中に共産主義が撒き散らされる。

小物なのでここに並べる必要はありませんが、北朝鮮建国者の金日成だってウィルソンがいなかったら、その後の独裁者としての人生はありません。韓国を建国した李承晩に至っては、ウィルソンに直接保護されています。ただし李承晩は、「俺にはウィルソンの後ろ盾がある」と大ぼらを吹いただけとの説もありますが、いずれにしても李承晩が反日アメリカ大統領のウィルソンを救世主として頼みの綱としたのは事実です。最近は北朝鮮や韓国の悪口を拡散するのが日本のためだと信じて疑わない人が少なからずいるようですが、それならば大日本帝国を潰して今の韓国や北朝鮮を育てたウィルソンのことこそ知るべきでしょう。

さて、ここで挙げた範囲を、白地図で塗りつぶしてみてください。「世界の九割」が大げさではないと気づくはずです。

そして、ウィルソンはやったことが極悪人なだけでなく、狂人です。晩年のウィルソンは医学的に発狂してしまうのですが、その前から南北アメリカ大陸、太平洋アジア、そして世界中に迷惑をかけ続けました。えてして狂気は急速に且つ強く伝播します。ウィルソン主義こそ、人類が抱えた最大の伝染病です。しかし、その危険性に比して、ウィルソン主義とは何なのかは、一般に理解されているとは言えません。

私は日本人です。だからウィルソンを取り上げる時も、日本の為に必要な研究だと確信して取り上げます。

日本はなぜ、いつまでたっても敗戦国のままなのか？

ソ連が滅んだのに、中国に小突き回される。それどころか北朝鮮や韓国にまで小馬鹿にされる。もはやアメリカにすがって生きていくしかないのか？

ウィルソンが明確に不幸をもたらした範囲

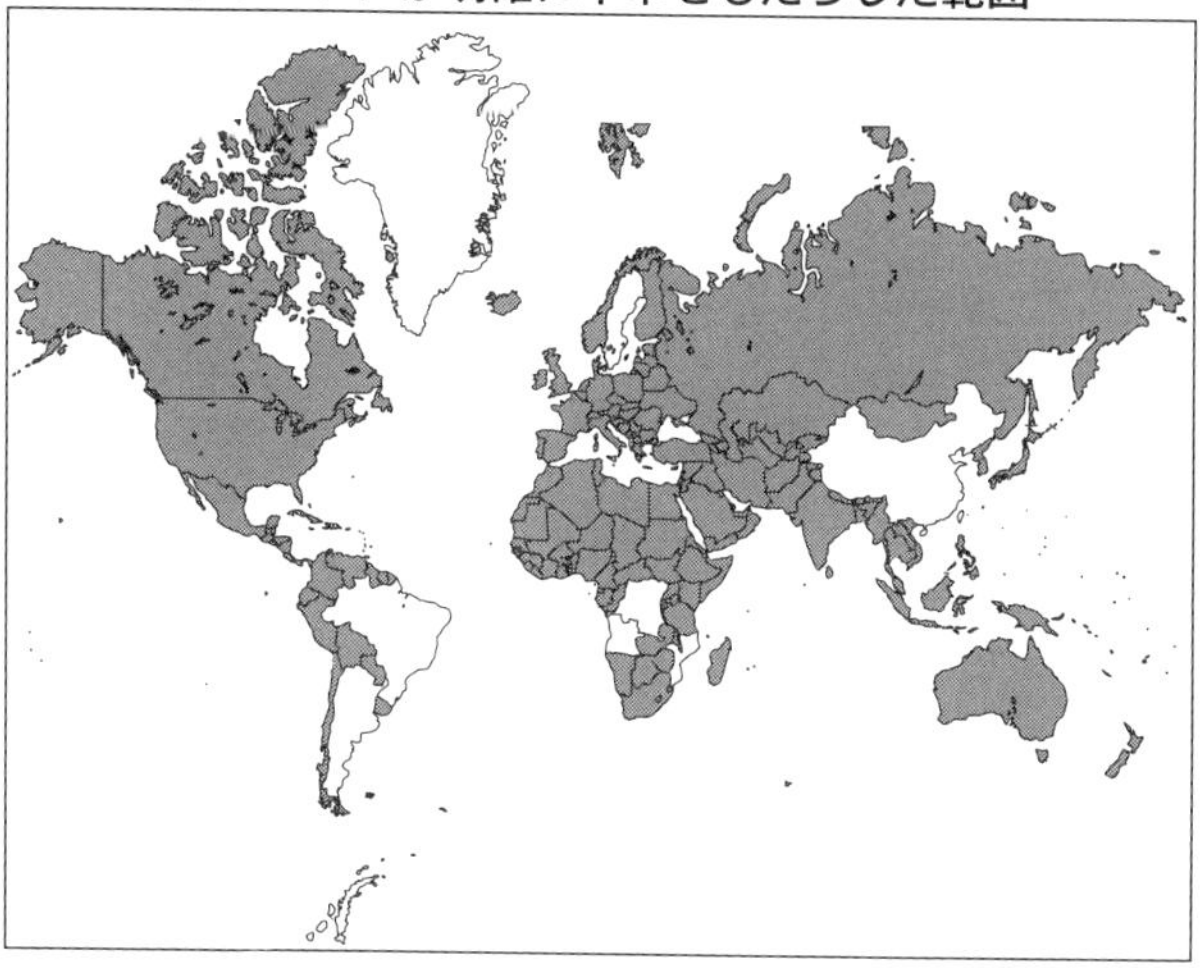

こうした我が国の現在の病理を解き明かす為にこそ、究極の病原体であるウッドロー・ウィルソンとは何者なのか。ウィルソンが何を考え、何をしたのかを解明することによって、処方箋が導き出せるのではないかと信じて、筆を進めます。

ウッドロー・ウィルソン

目次

第2章　大統領一期目は弱い者いじめに明け暮れる

第3章　第一次世界大戦――まだ参戦していないのに世界を振り回す

第4章　十四カ条の平和原則――かくして人類は地獄に突き落とされた

第1章

ウィルソン小伝——悪魔は如何にして生まれたのか?

敬虔な長老派牧師の家庭に生まれ育つ

トマス・ウッドロー・ウィルソンは、北アイルランドからの移民の子孫です。父方のウィルソン家と母方のウッドロー家がそれぞれ北アイルランドとスコットランドの出身なので、両方が併記されていることもあります。いずれにしろ、アメリカがまだイギリスの植民地だった頃から統治の主流を占めていた白人移民で、WASP（ホワイト・アングロサクソン・プロテスタント）と呼ばれる人たちです。

ウィルソン家は祖父の代の一八〇七年にアメリカに渡り、トマス・ウィルソンは移民三代目にあたります。父のジョゼフ・ウィルソンは長老派の牧師、母もまた敬虔な長老派の信徒です。

一八五六年十二月二十八日、ジョゼフが聖職を務める第一長老派教会のあったバージニア州スタントンでトマスは誕生しました。トマスが生まれて間もなくウィルソン一家はジョージア州に移り、幼少期をオーガスタで過ごします。

この頃のアメリカは、南北戦争前夜です。奴隷制度を認めるか否かで、商工業を主産業とした北部州と大規模な綿花栽培が主産業の南部州の対立は、ちょうどトマスが生まれた一八五〇年代に激化します。南部奴隷を描いてベストセラーとなった『アンクル・トムの小屋』の出版が一八五二年のことです。二年後には南北の制度的な住み分けの合意が新法で否定され、一八五七年に黒人奴隷の憲法上の地位を否定し、奴隷所有者の財産権を認める最高裁判決が出ると、対立に拍車がかかります。一八五九年には奴隷解放のゲリラ活動で著名なジョン・ブラウンが絞首刑に処せられました。

南北戦争では、ジョン・ブラウンの死を称える歌「ジョン・ブラウンの亡骸（John Brown's Body）」が北軍の進軍歌として愛唱されます。メロディは、今もよく知られているアメリカ民謡の「リパブリック賛歌」です。日本でも「ともだち賛歌」として有名な運動会でよく流れる曲で、「一人とひとりが〜腕〜組めば〜」の歌詞で知られます。本当の歌詞は「ジョン・ブラウンは〜墓場で〜横たわり〜」と物騒です。

ジョン・ブラウンのような急進的な奴隷解放過激派は、夜中に奴隷の鎖を切って逃がして回るような活動をしています。現代の感覚で言えば、南部州は奴隷なんか使うとんでもない連中に思えます。ところが、この当時の奴隷所有者の感覚で見ると、北部の奴隷解放過激派の行動は、夜な夜な動物園の檻を壊して回る人です。南部の「黒人は猛獣のようなものだから、鎖でつないでいなければならない！」とする人たちと、ジョン・ブラウンのような「黒人だって鎖につながれない権利があるんだ！」と考える人達は絶対に妥協できません。アメリカを考察するときは、こうした感覚を理解しておきましょう。南部の人からすると、北部の連中は、勝手に他人の所有している檻を壊して猛獣を解き放つ、無法者にしか見えないのです。

トマスが生まれたバージニア州や幼い頃に住んでいたジョージア州は、奴隷制を合法と認める南部州です。一八六〇年、トマスが四歳の時に共和党からエイブラハム・リンカーンが第十六代アメリカ大統領に選出されました。南部の州は独立戦争以来の連邦から次々に離脱して、南部連合として独立を宣言します。一八六一年、南部連合の分離独立を阻止したい連邦との間で起こったのが南北戦争です。トマスが後に語ったところによれば、物心ついての最初の記憶は、リンカーン選出のニュースに誰かが「戦争になるぞ」と言って通りすがったことだったとか。

トマスの父、ジョゼフは南部を支持します。一八六一年四月に南北両軍が開戦すると、ジョゼフは従軍牧師を務め、長老派教会は病院と捕虜収容所になりました。日本ではあまり馴染みのない考え方ですが、戦場で殺し合いをする軍隊に牧師や神父が必要なのは、戦死する人が天国に行けるようにするためです。お国のために戦って天国へ行けないのは可哀想なので、従軍牧師や従軍神父は重要な役割なのです。トマスは教会で戦傷者や、柵の中の捕虜となった北軍兵を見ながら、幼少期を過ごします。ちなみに、プロテスタントが牧師で、カトリックが神父です。牧師と神父をまとめて、司祭と言います。

トマスは誕生した時は丸々太った健康児でしたが、次第に病弱な体質となっていきました。虚弱体質で視力が弱く、学校に通うことが困難だったため、九歳までアルファベットを習っていません。「ＯＫ」の起源は、ウィルソンが公文書に「All Correct」の略として書いたなどと誤記される元になっています。学習の遅れは確かに伝記にも書かれている情報ですが、ウィルソンが成人しても字を読めなかったと勘違いされたのでしょうか。インターネット百科事典を自称する、誰だかわからない人が適当に書いているウィキペディアという情報集積所にも書かれていたデマです。「ＯＫ」のエピソードの主は第七代アメリカ大統領のアンドリュー・ジャクソンです。ウィルソンは十一歳の頃には字が読めるようになっていますし、成人してから学者になっていますので、ありえません。

学校に通えない間、トマスの初等教育は父ジョゼフが行いました。トマスにとって、両親は極めて大きな存在です。病気がちで、家で過ごすことが多かったトマスは「お母さんっ子」と呼ばれていたと同時に、父親との関係は大人になっても依存しています。二十九歳までは経済的にも依存し、その後も四十歳になるまで重大な決断をしなければならない時には、必ず父親の判断を仰いでいました。

精神分析の創始者として知られる神経病学者、ジグムント・フロイトは、ウィルソンの生涯にわたって父親の存在とその関係が人生全般に顕著な影響を及ぼしたと診断しています（S・フロイト／W・C・ブリット、岸田秀訳『ウッドロー・ウィルソン――心理学的研究』紀伊國屋書店、一九六九年）。

フロイトによれば、トマスにとって父親は神でした。牧師として説教壇に立つ父ジョゼフは演説が巧みで、トマスは父とその説法から言葉を学んでいます。神の言葉を話す父を神に見立てたので、その子である自分は神の子キリストであると思い込んだ、そういう子供でした。

敬虔なキリスト教徒は、父（神）と子（キリスト）と聖霊は三位一体だと信じています。これを三位一体説と言います。そこでトマスの思い込みに「聖霊はどこに行ったのだろう？」などと聞いてはいけません。原理主義者は、そんなことを考えません。聖書に書かれた通りに実践するのが原理主義と言われますが、書かれた通りに実践しているかどうかの判断は、本人の主観です。他者の認定による縛りを振り捨てて、聖書を自身が読んで信じた通りの信仰に生きるのが原理主義です。時に、聖書に書いていないことまで勝手に読み取ってしまいますが、本人の主観ではそれが正しいのです。そもそもアメリカという国自体、そうした原理主義者たちがヨーロッパから出て行ってできた国です。これは、どちらが良い悪いではなく、そういうものだと思っておけば十分でしょう。

トマスの話に戻ります。フロイトの精神分析によれば「父と自分＝神とキリスト」とのトマスの思い込みが生涯変わらず、行動や志向、周囲の人間関係に至るまで、すべてその原理が基準になっていたという見立てです。前出のフロイトによる『ウッドロー・ウィルソン——心理学的研究』は、ウィルソン大統領の死後、未亡人が生きている間は出版を控えたという、いわく付きの本です。

ウィルソンの変わった思考回路が幼少期で終わっていてくれれば、その後の人類の不幸は無かったのですが……。

最悪の弁論部員だった学生時代

南北戦争が終わった翌年の一八六六年、弟のジョゼフ・ウィルソン二世が生まれ、トマスは初めて学校に通い始めます。

弁論部時代のウィルソン

学校に行き始めたトマスの学業成績は、平均よりも悪かったとか。ウィルソン研究者として著名なアーサー・S・リンクは、フロイトによる分析を「事実ではない、ひとえに信仰によるものだ」（アーサー・S・リンク『ウッドロー・ウィルソン伝』南窓社、一九八一年）と言いますが、トマスが学業の遅れがちな子供だったことは認めています。興味の対象以外のことには「不熱心だった」という表現です。

一つのことに興味が集中すると他のことが考えられなくなる、興味のあることしかやらない、といったトマスの性質は後に「一本槍精神」と呼ばれるようになります。興味の対象は、父ジョゼフがトマスに繰り返し教えた修辞学や演説でした。言葉に対する執着は、トマスの学校生活に新しい道を開きます。野球チーム「ライトフーツ」に所属したトマスは、チームの規約づくりに熱中します。体が弱くプレイヤーとしては下手でしたが、チームの議長となりました。そんなジョージア州オーガスタでの生活も、間もなく終わりを告げます。

野球チームの規約を作り、議長として会議を司った翌一八七〇年、ウィルソン一家はサウス・カロライナ州へ移ります。父ジョゼフがコロンビアにある大学の神学教授に招かれたのです。

コロンビアに引っ越す直前、十三歳になっていたトマスは南北戦争の英雄、ロバート・E・リー将軍の姿を見る機会に遭遇します。沿道から将軍を見上げたトマスにとって、一生忘れられない経験でした。そして、英雄と自分の姿を重ね合わせました。子供がスターに憧れることはよくありますが、トマスは少し他の子たちと違います。英雄を見て「自分に似ている」と思うのです。リー将軍のほか、初代アメリカ大統領のジョージ・ワシントンも、トマスが自分に似ていると思った人でした。まだこの時点では、ちょっとおかしな子供で済んでいます。

サウス・カロライナ州の州都コロンビアは、南北戦争で市域のほとんどを焼き払われた都市です。ウィルソン一家が移住したのは、いまだ戦火による荒廃からの復旧もままならなかった頃でした。トマスは礼拝の出席や祈祷、聖書を読むことを日課として暮らします。当時の級友から見て、尊大な態度で他の子供たちと少し違ったトマスは、「ひとりでに意識を失うという奇妙な癖をもっていた」と伝わります（前掲『ウッドロー・ウィルソン』十七頁）。

そして、空想がちで信仰復興運動にのめり込む十代半ばを過ごしたトマスは、一八七三年のある日、**「わたしの心に神の恩寵のしるしが現われはじめた」**と告白するのです。人類史上最大の「中二病」が発症しました。

「中二病」とは、中学二年生ぐらいの思春期にありがちな言動で、現実と空想が混然としたまま大言壮語してみたり、自己愛の陶酔を公言してみたりする様子のことです。たとえば「俺は世界を支配する！」とか「俺は神だ！」とか。小学生ぐらいの子が言っているうちは可愛いけれども、度が過ぎれば親が諭してしっかり教育するものです。

ところが、この頃のトマスは十六歳で、今の日本なら高校生ぐらいの年頃です。父の教会にやって来た若い牧師見習いに傾倒し、教会の勉強会に熱心に出席しています。そして誰もトマスを止めません。

この頃から、父ジョゼフの教会が発行する『ノース・カロライナ長老派教会』紙の制作や雑用を手伝い始めます。言葉に対するこだわりが深まっていき、父が説教壇に立ち教会に集まった聴衆に神の言葉を説く姿を追うように、トマスも演説や討論にハマっていきます。ただ、進路についてはまだ決めかねていた頃です。両親は息子が牧師になることを望んでいましたが、後に政治の道を選びます。これは、生涯のうちでウィルソンが唯一、父親の言うことを聞かなかったことだといいます。もっとも、政治家になったのは父の死後なので、相談しようが無かったのですが。

それ以外、四十歳になるまで何か重大な決定を下す時には、必ず父の助言を求めたそうで、単純な言い方をすればウィルソンはファザコンです。

一八七四年、トマスは大学に進みます。当初はノース・カロライナ州デイビッドソン大学へ進学しますが、ここで一度挫折します。健康を損なったトマスは実家に戻り、一年あまりの療養生活を余儀なくされました。アーサー・S・リンクは、この頃のトマスが「体がきゃしゃで、ひどく恥ずかしがりやで、幾分か動作の鈍い少年」だったといいます。「お母さん子」と笑われるほど母親べったりで、父親を讃美していた姿のほか、友人の語ったところによると「こちこちのどうしようもないカルヴァン主義者」です。カルヴァンは言うまでもなく、中世ヨーロッパで宗教改革を始めた「チャンピオンof原理主義者」です。

この間に、トマスはある決意をしました。

「神の期待に沿って、指導者になろう！」

前出の『ウッドロー・ウィルソン――心理学的研究』でフロイトと共著をしたW・C・ブリットは、この時のトマスを「彼は、この世で偉大な仕事をするために神に選ばれた者であると思っていた」としています。身体が弱かったために、「自分の仕事が終わるまで、神は自分を生かしてくれるだろう」という思いもあったと考察しています。

決意を固めたトマスは、療養中にギリシャ語やラテン語、速記を独習して、再度の進学に備えます。教会の広報誌に初めての執筆記事を発表するなど、次第に活動は活発になっていき、翌一八七五年九月、プリンストン大学へ進みました。プリンストン大学は、東部名門私立大学アイビーリーグの一校です。十九歳のトマスは、大学に入学すると、弁論部に所属します。

ウィルソンは弁論部が大好きです。プリンストン大学で弁論部に入ったのを皮切りに、卒業後に法律を勉強しに行ったバージニア大学でも、ジョンズ・ホプキンス大学で大学院に進んだ時も、必ず弁論部に所属しています。それどころか、博士号を取った後にウェズレーン大学教授となると、大学に学生弁論部をわざわざ作るぐらいです。父に忠実に修辞学の練習をしてきたので、弁論や討論が得意です。

最近は日本でもディベートの授業を取り入れている学校もありますが、意外とルールが知られていないので簡単に説明しておきます。ディベートとは、「ある論題に対して賛成と反対に分かれ、ルールにもとづいて行う討論」のことです。細かなルールは色々あるのですが、大前提として、ルールを成立させるための暗黙の掟があります。「自分の意思と関係なく、賛成・反対に分かれなければならない」です。

私は中央大学の弁論部である辞達学会の出身ですが、私の学生時代の実例を挙げておきます。あるディベート大会で、一高東大弁論部と防衛大学校弁論部が戦った時のことです。論題は「自衛隊のＰＫＯ派遣は是か非か」です。東大弁論部が肯定側、防大弁論部が否定側に分かれて討論となりました。防大弁論部は徹底的に派遣反対の論陣を張ります。試合の後、「本音はどうですか？」と聞かれたら、否定側だった防大生は「行かなきゃいけないに決まってるでしょうが！　行けと言われたら命がけで行きますよ‼」と自信満々に答えていました。

ディベートは、自分の立場や思想信条とはまったく関係なく、賛否に分かれて議論をすることによって論理を磨くという、教育効果を目指すゲームの場です。あるいは、時にはエンターテインメントとして行われることもあります。ちなみに、件の東大対防大の試合結果は、自衛隊のPKO派遣を是とした東大が勝ちました。防大弁論部は再び「感想は？」と聞かれて、「シビリアン・コントロールに負けた」と悔しがっていました。これは余談ですが。

つまり、ディベートに本人の意思は関係ありません。私も討論の時に、ルールを良くわかっていない相手から「倉山さんの意見に対して……」などと反駁された経験があります。ディベートの最中は「倉山さん」ではありません。論題に賛成か反対のどちらかの人に過ぎません。あるのは、肯定側と否定側、それに審判と観客だけです。

以上は、普通の弁論大会の日常風景です。こうした大学弁論は、ここ百五十年ぐらいの間、世界中の弁論部で今日も繰り広げられています。

さてトマスは、とある討論大会で主将となりました。最後の決戦の論題が出されます。お題は「保護貿易か自由貿易か」でした。くじ引きでトマスは保護貿易側の論者になります。すると自由貿易論者のトマスは、自分の思想信条に合わないと言い出して、なんと討論を放棄してしまうのです。彼の弁論部は、大事な決勝で敗北を喫します。人類史に残るダメ弁論部員です。そんなことをすれば、普通は先輩に怒られるものですが、トマスは弁論部長まで出世しました。よくわからないカリスマ性がある、大学生でした。

将来の夢は「大英帝国総理大臣」

大学で弁論部にハマったトマスは、この頃、イギリスの『ジェントルマン・マガジン』で「雄弁家」という論文に出会い、大いに刺激を受けます。イギリス衆議院の雄弁家として取り上げられていた一人が、自由党のウィリアム・グラッドストンです。

そこでトマスが思ったのは、**「自分はグラッドストンに似ている！」**です。何の根拠もない思い込みです。あこがれの対象としてワシントンやリー将軍がいて、そこへさらにグラッドストンも加わりました。トマスは大志を抱きます。**「自分の雄弁によって人々を指導したい！」**と。覚醒です。

どれくらい覚醒したかというと、いきなり「バージニア州選出上院議員」の名刺を自作してしまうくらいです。

自作の上院議員の名刺を所持するトマスは、将来の夢を見つけます。「大英帝国総理大臣」です。一八七九年八月、全国雑誌『インターナショナル・レヴュー』にトマスの論文「合衆国における閣僚政治」が掲載されます。トマスは、この論文でイギリス式の議院内閣制を支持し、合衆国憲法の改正を論じました。

ウィルソンがなぜ議院内閣制を支持するのかというと、ウォルター・バジョットの著作を読んでしまったからです。バジョットは今でも世界中で尊敬されている、イギリスの憲政史家です。代表作『英国憲政論』では、立憲君主制と議院内閣制の効用を説いています。トマスはプリンストン大学在学中、バジョットの他にエドマンド・バークの本を読み耽《ふけ》りました。バークはイギリス保守主義の元祖と目される哲学者で政治学者です。

ウィルソンはマトモな人のマトモな本を読んだのは良いのですが、出した結論が恐ろしく間違っていました。そもそもアメリカのどこに、王様がいるのでしょう。さすがのバジョットも、そんなつもりで書いていないでしょう。バジョットの数多い読者の中で、ここまで誤読した人は他にいないのではないでしょうか。

論文を発表して間もなく、トマスはプリンストン大学を卒業します。法律を勉強する為、バージニア大学法学部に入学するのですが、大学の創立者、トマス・ジェファソンは大嫌いです。後にウィルソンが『アメリカ偉人一覧』を作成したとき、ジェファソンの名前を省いたぐらい嫌いです。ジェファソンは、ワシントン大統領のもとで国務長官を務め、後に第三代大統領となりました。「アメリカ独立宣言」の起草者でもあります。よくわかりませんが、ウィルソンは徹底的に嫌いました。

そうこうする内に、トマスは二十四歳でバージニア大学を休学します。再び健康上の問題に見舞われました。せっかく弁論部部長に選ばれたのですが、学位を取得せず中退と復学を繰り返します。二度目の挫折です。私生活でも変化がありました。退学した翌年、トマスは名前を変えます。トマス・ウッドロー・ウィルソンから「トマス」を落として、この時からウッドロー・ウィルソンと改名しました。ジェファソンと同じ名前なのが嫌だからではなく、心身の弱ったウィルソンが安らげる相手だった従妹に恋をして、振られただけです。

法律を勉強したウィルソンは、南部のジョージア州アトランタで友人と一緒に弁護士事務所を設立しました。一八八二年六月のことです。その年の十月になって弁護士資格を取得しますが、依頼人は一人も来なかったとか。大学と教会しか知らず、世間の荒波に揉まれたら即座にギブアップです。この時には、ひどく自尊心を傷つけられたといいます。三度目の挫折です。

ちなみに、時系列がおかしいと思われた方の為に確認しておきます。弁護士事務所を設立してから、資格を取りました。いくらアメリカの法曹資格取得が日本ほど厳しくないと言っても、おかしすぎです。お客が来る訳がないので。

ウィルソンは、この経験を機に大学院への進学を決めます。就職先がないので大学院に行く人は、日本の大学院生にも結構います。ジョンズ・ホプキンス大学の大学院に進んだウィルソンは、国際法やアメリカ史、憲政史、法律学などを学びます。社会を知らない若造が大学院に〝入院〟して、しかも学ぶのが実生活に役にも立たないものばかり……。ウィルソンの場合は法律を学んでいるだけツブシがききますが。

私の古傷が痛むので、次に進みます。

社会に出てからはトントン拍子だが……

一八八五年、ウィルソンは二十九歳で大学院を〝退院〟します。人生は悪いことばかりではありません。

ウィルソンの二十代最後の年は、年明けからお目出たいことが続きます。一月にはウィルソンの代表作『議会政治』が出版され、六月にブリンマー大学で教職に就きます。

六月、最初の妻となるエレン・ルイーズ・アクソンと結婚しました。エレンは慎ましい長老派の信者で、ウィルソンを母のように包み込みます。

翌年にはジョンズ・ホプキンス大学から博士号が授与されました。『議会政治』は、一度も議会を見ずに書いたと言われるのですが、それできちんと出版して博士号を取っているのだから大したものです。

この年と翌年で立て続けに二人の娘を授かり、ウィルソンの人生は順風満帆です。

ところが、この頃のウィルソンの自己認識は、悲惨のどん底です。ブリンマー大学で女子学生に教えるのが不満だったのです。不満が募り、母校プリンストン大学での教授職に就きたいと考えるようになりました。ところが、プリンストン大学校友会の集会では、得意だったはずの演説に失敗します。それならばと国務省で職を得ようとしますが、それにも失敗します。いよいよ、男子学生に教えたい欲求が高まったところへ、娘が二人誕生しました。それで神経が参ってしまったのです。しかも不幸なことに、母親が亡くなってしまいます。

母親の死去は気の毒ですが、職も家庭も手にしてなお、神経過敏になるほど不満が溜まるという、わがままぶりです。

さて、ブリンマー大学で不満を募らせたうえ、学部長とソリが合わなかったウィルソンのもとへ、コネチカット州のウェズレーン大学から教授職のオファーが舞い込みました。これでようやく、念願叶って男子学生に教えられるようになります。

一八八八年にウェズレーン大学に移り、三十二歳で教授となりました。順調な出世です。

それ以降の七年間がウィルソンにとっての黄金期です。生涯でもっとも精神的にも身体的にも安定していた時代でした。元気になったウィルソンは、ウェズレーン大学で学生弁論部「ウェズレーン下院」を設立します。この頃、三人目の娘も生まれています。人生が楽しそうです。

たったひとつ不満があるとすれば、政府の職に就けなかったことです。一八八九年、比較政治の教科書『国家』を執筆したウィルソンは、第一国務次官の指名を求めて再び失敗しています。

ウェズレーン大学教授を二年務めた頃、ウィルソンは三十代半ばにして、念願の母校プリンストン大学で教授職を得ます。教授職にも、執筆活動にも熱意を注ぎました。どうしても学長になりたいという欲求が頭をもたげて来ます。

一九〇二年、ついにウィルソンの念願が叶います。十月二十五日、プリンストン大学学長に就任しました。ウィルソン、四十五歳です。そして、この頃には**「私は政治家となるべく生まれて来た」**と語っています。弁論部的な名誉欲の塊のところに、宗教的な意欲が掛け合わされて、しかもファザコンなので厄介です。

翌一九〇三年、父ジョゼフが世を去ります。この頃には、ウィルソンの体調はガタガタです。持病の神経過敏のほかにも、ヘルニアを発症して手術を受けました。一か月あまり療養すると、所属教会の移籍をします。長老教会も南北戦争で二派に分かれてしまうのですが、ウィルソンは二派の教会会員の統合を説得しようとして失敗しました。後に和平交渉を試みて失敗する片鱗をのぞかせます。

ウィルソンの政治家への道は、突然開けました。一九〇六年、民主党党員の中からジョージ・ハーヴェイ大佐という人物が、ウィルソンを大統領候補に担ごうと言い出したのです。するとウィルソンは、あれだけ嫌っていたジェファソンをいきなり讃美するようになりました。ジェファソンは、民主党の英雄だからです。

現在のアメリカは共和党と民主党の二大政党が交互に大統領を出して、原則は最長二期八年で政権が交代していく仕組みです。この仕組みが関係なかったのは、初代ジョージ・ワシントンだけです。第二代大統領のジョン・アダムズは建国の父としてあまり出て来ませんが、独立戦争当時、ワシントンのもとで海軍を創設した人です。大統領になってからはダメ親父で、第六代大統領のジョン・クィンシー・アダムズは息子です。この頃までは、南部の大農場主が歴代大統領になっていました。第七代大統領のアンドリュー・ジャクソンが出るまでは、東海岸のバージニア州中心の特権階級が大統領を占めていたので、バージニア王朝という言い方もされます。

最初期のアメリカでは、二つの政党ができていきます。私は初期のアメリカを「アメリカ合州国」と呼んでいます。当時は各州が憲法を作っていて、現在のEUのような集まりです。一七八七年に起草された連邦憲法に対しても、各州で批准をめぐる賛否が起こりました。憲法案に賛成する人たちをフェデラリストといい、反フェデラリストのグループはリパブリカンを名乗ります。

リパブリカンから見ると、連邦政府に権力を集めようとするフェデラリストは王権的だとして、強く共和制を主張しました。リパブリカンが分裂して、フェデラリストと合流した勢力が現在の共和党の前身です。分裂した他方の勢力は、各州の権利や地方の利益を強調してジャクソン大統領の時に民主党となりました。

南北戦争は共和党の民主党に対する勝利です。アメリカ合衆国の歴代大統領一覧を見ると一目瞭然ですが、南北戦争後は共和党の大統領が主流です。リンカーンの後、南北融和の象徴として民主党のアンドリュー・ジョンソンが大統領に連れて来られますが、その後は共和党の合間に一期務める程度です。リンカーンがいまだ記憶に新しい時代で、ウィルソンの大統領候補指名が画策された時は、共和党セオドア・ルーズベルトの絶頂期です。それならばといって、民主党は初期リパブリカンの創設者でリンカーン級のカリスマの、ジェファソンまで戻ってしまうのです。

ウィルソンは、自分の過去を無かったことにしました。しかし、天罰かジェファソンの呪いか。民主党員の前でジェファソンについて演説したら、脳溢血で倒れました。

結局、この時は大統領候補にはなれませんでした。人生四度目の挫折です。

プリンストン大学学長から政界進出

大統領候補指名騒動で挫折したウィルソンは、大学に戻ります。

ウィルソンは、プリンストン大学に寄宿舎制度を採用する構想を持っていました。オックスフォードやケンブリッジがモデルです。要するに、イギリスかぶれです。大学に戻るや、計画を発表します。巨額の予算が必要なため理事会が難色を示したほか、同窓会は学生の社交クラブが廃止されると大反対します。教授会は自分たちの頭越しに理事会へ持って行ったウィルソンのやり方が気に入りません。

プリンストン大学は、当時大学院を建設する計画がありました。予算を考えるなら、大学院か寄宿舎のどちらか一方でないと財政的に難しかったのです。折しも、ここ二年の間にウィルソンが提案した研究指導教員制度が大学改革として進められ、大学院設立もウィルソンが承認した計画です。すでに大学院長にはアンドルー・ウェストが指名され、オックスフォードをモデルとした大学院を志向しています。そこへ、ウィルソンが大学院を作るだけでなく、寄宿舎を作っての研究と教育の一体化を言い出し、ウェストと激しく対立してしまいます。そこでウィルソンがやったのは、大学院設立の妨害です。口先で理想を言いながら、やっていることは単なる嫌がらせです。

一九〇七年の夏から秋にかけて騒動が拡大し、学内が不穏になります。ウィルソンの人間関係では、それまで自分が可愛がっていた友人とも絶交するほどの事態になり、寄宿舎計画は理事会で完全に否決されました。思いつめたウィルソンは学長辞任を考えますが、事あるごとに重大事の判断を仰いできた父は、残念ながら四年前に既に亡くなっています。代わりの人に相談する間にやる気が出てくると、辞表を書いたことはきれいさっぱり忘れます。

この大学での騒動がもとでウィルソンは体調を崩し、翌一九〇八年はバーミューダでの療養を経て、積極的な全国遊説を行ってはまた体調を崩す、の繰り返しです。ウィルソンの全国遊説好きというのも、弁論部的です。ウィルソンは、自身の大学改革にプリンストンの人たちの理解を得るという名目で遊説に出ますが、ちょうど大統領選挙の年だったので民主党の支持拡大のための広告塔という役割を果たしています。ウィルソンが「**最初の記憶は四歳**

の時。リンカーンが大統領に選ばれたので戦争になるぞ、と誰かが通りすがりに言った」と語ったのは、この頃の演説でのことです。

夏にはスコットランドに休養に出かけ、体調が回復するとアメリカの鉄鋼王として知られるアンドリュー・カーネギーを隠居先のスキボ城に訪ねます。寄宿舎制度を作るための資金を調達して、それを元に寄宿舎か莫大な寄付を棒に振るかの二者択一で理事会を説得する心積もりですが、これは失敗に終わりました。カーネギーと言えば、成功して以来、各所へ莫大な寄付をしたことでも有名ですが、この時のウィルソンには金を出しませんでした。

その後、プリンストン大学の同窓会からウェストに大学院設立資金の寄付が打診され、今度は逆にウィルソンが寄付金を諦めるか、計画を認めるかの二者択一を迫られています。ウィルソンの意識では、後々まで夢に出て来るほどウェストは生涯の敵となったとか。騒動の最中、ウェストに味方した理事には、第二十二代・二十四代と大統領を二回務めたグローバー・クリーブランドがいましたが、一九〇八年にクリーブランドが死去した時、ウィルソンは大学での追悼式を命じなかったといいます。伝統儀礼よりも、個人的憎悪を優先させるのがウィルソンです。

一九〇八年の大統領選は、共和党指名で出馬したウィリアム・タフト、民主党からはウィリアム・ブライアンが戦いました。ブライアンは過去に二回も共和党に負けたとはいえ、敬虔な長老教会派の信徒で、進歩主義や人民主義の人たちに人気のあった政治家です。この年の大統領選はブライアンにとって三回目の敗北となり、タフトが第二十七代大統領に就任しました。

一九一〇年に入ると、以前にウィルソンを民主党の大統領候補に担ごうとしたハーヴェイ大佐は、今度はウィルソンをニュージャージー州知事に担ぎ出すことを画策します。六月には党大物のジェームズ・スミス元上院議員に渡りをつけ、知事指名への協力を取り付けました。ウィルソンの政界デビューです。七月に知事選出馬を表明したウィルソンは、党内の既得権は侵さないと念書を出し、秋の知事選でとんとん拍子に勝ちます。

翌一九一一年一月、ニュージャージー州第四十三代州知事に就任しました。ウィルソンはこの時、五十四歳になっていました。

選挙戦でのウィルソンは質素な半丸太の家に住み、知事に就任してからは汚職行為規制法で不正投票や官吏の収賄の防止を目指します。鉄道料金の値上げを受けて公益事業の料金やサービスを規制する公益事業委員会の設置を行い、労災の制度化を提案したほか、党予備選関連の法案を提出しました。政治家として、クリーンなイメージで売り出したのです。クリーンを売りにする政治家にロクな者なしとはよく言ったものです。わが国では三木武夫、中国では習近平という人がいます。ウィルソンは、知事候補指名前に提出した念書などすっかり忘れて、知事指名に協力した党の大物、ジェームズ・スミスが連邦上院議員に返り咲くのを妨害しています。

一九一一年五月、ウィルソン知事は全州的な地方自治改革を訴えて、全国遊説に出かけます。なぜ知事が全国遊説かというと、すでに大統領候補指名を睨んでいたからです。六月には、プリンストン時代の教え子が中心となって、早くもニューヨークに選挙事務所を準備します。州知事になって半年、ウィルソンの狙いはあからさまに大統領候補指名を得ることです。この年の十一月、ウィルソンはテキサス州の顔役、エドワード・M・ハウスに会見を申し入れました。ハウスは、ウィルソンの大統領時代に日となり耳となり手足となる人物です。

なんと投票四十六回、大統領候補指名選挙

この全国遊説で、ウィルソンはメディアから猛攻撃を受けます。新聞は過去の発言を掘り起こし、スキャンダルを探しまわります。ウィルソンの政界出馬の道筋を当初から準備して

きたジョージ・ハーヴェイの肩入れは、ウィルソンがウォール街の代弁者として報じられる原因になりました。東部保守系の新聞『ザ・サン（ニューヨーク・サン）』は、ウィルソンを「金融トラストの化け物」と書き立てました。このため、クリーンなイメージを保ちたいウィルソンは、ハーヴェイを切ります。ウィルソンに「恩人」という概念はありません。

民主党の次世代の革新主義派リーダーとして名前が売れてくると、周囲には似たような考えの人々が大勢集まって来ました。選挙に群がる連中には、山師のような人が大勢います。

ウィルソンはハーヴェイを切り、民主党重鎮のブライアンを取り込みます。そういう時のウィルソンは歯が浮くようなおべんちゃらを躊躇せず撒き散らします。首尾よく大統領候補指名の支持を取り付けました。

一九一二年六月二十五日、ボルチモアで民主党の全国党大会が開かれました。はっきり言って、候補者指名選挙はグダグダです。民主党の候補者選出は、全会の三分の二の票を獲得することで決まります。だから、三分の一が反対する限り、永遠に投票が続きます。

大勢が名乗りを上げますが、主な候補者はウィルソンを含めて四人です。党大会での第一回目の投票は、ミズーリ州出身のチャンプ・クラーク下院議長が第一位、ウィルソンは二位です。九回の投票を行っても結果はほとんど変わらない膠着《こうちゃく》状態です。票が動き始めたのは十回目で、クラークが優勢になったものの三分の二を獲得できません。ブライアンが持ち票をクラークからウィルソンに移し、三十回目の投票ではウィルソンがクラークの得票を抜きます。それでも三分の二に届きません。最終的に決着がついたのは、七月二日、四十六回目の投票です。第四位の候補者だったアラバマ州選出のオスカー・アンダーウッド陣営がウィルソン支持に回り、ようやく三分の二を獲得しました。ちなみに、現在は過半数を獲得すれば決着がつくようになっています。

大統領候補指名選挙を制したことによって、ウィルソン陣営は来る十一月の大統領選挙まで伴走する運動組織を整えます。州知事の職に軸足が置かれていたのは就任からほとんど半年足らずのことで、あとは大統領候補となるための運動をしていました。ウィルソン本人が疲れ切って音を上げるほどです。州知事として力を入れたのは、予備選での党候補の指名に関する法案です。ウィルソンは、びっくりするほど知事の仕事をしていません。

一九一二年八月七日、ニュージャージー州知事別邸での大統領候補指名受諾演説を皮切りに、ウィルソンの選挙戦が始まりました。歴史の教科書で紹介されるウィルソンの言動は、ほとんどこの時のものです。スローガンの「ニュー・フリーダム」を掲げますが、序盤は盛り上がりに欠けます。

この時の共和党は、分裂選挙です。共和党の候補指名選挙では、現職タフトと元大統領のT・ルーズベルトが争いました。結果は、かなり早い段階で多数派工作を進めていたタフトが勝ちます。そこで敗北したルーズベルトは第三党の進歩党を作り、大統領選に打って出ました。

ウィルソンのスローガンは、ルーズベルトの「ニュー・ナショナリズム」に対抗したものです。争点は大企業による独占の是非です。ルーズベルトは不当・悪質なものを規制すれば良いという立場で、ウィルソンはそもそも大企業の独占が起こる環境がおかしい、という争いでした。ウィルソンは各地の演説で自由と競争を唱え、**「アメリカの解放のために戦いたい」「これは権力に対する改革運動だ」**と訴えて回ります。

一九一二年十一月五日、ウィルソンは大統領に選出されました。史上最低の得票率です。選挙人投票では圧勝したものの、一般投票ではわずか四十二％の獲得です。次点がルーズベルトで、再選を目指したタフトが得票で三位と、波乱の選挙になりました。アメリカの二大政党の歴史で、第三党の候補者が二位に付けるのは珍しいことです。ルーズベルトの人気は健在で、タフトが不人気でした。ただ、ルーズベルトとタフトの得票数を足すと、ウィルソンを百三十一万票ほど上回っています。一九〇八年にブライアンがタフトに負けた時、ブライアン本人の中では最も負けが込んだ選挙でしたが、ウィルソンはそれよりもさらに低い得票率で大統領になってしまいました。罪深いことです。

選挙が終わり、家族とバーミューダで休養を取ったウィルソンは、十二月半ばにニューヨークへ戻ると組閣に着手します。これまで散々クリーンを売りにしてきたウィルソンは、売官を乱発しました。選挙で票を持ってきたエドワード・M・ハウスを登用し、その助言を重視した組閣です。

ハウスはテキサス州出身で、プランテーション経営や金融業に携わっていた人です。選挙でテキサス州の政界を押さえて票を持ってきたことは確かですが、いきなり大統領の人事・外交顧問になってしまいます。現代で言う、特別補佐官のような役割です。ハウスの例はまだマシで、政治献金した人間を在外公館の大使にしてみたりと、史上最悪の売官人事と言われています。

大統領就任式を終えると、ウィルソンはホワイトハウスの住人となりました。ウィルソンは、無駄に豪華な儀礼は好まなかったようです。引っ越しで物入りだっただけでなく、自分や家族の衣装を新調するため散財させられ、借金をする羽目になってしまいました。このため、慣例の祝賀舞踏会を廃止します。

　また、ウィルソンは大きな缶入りの頭痛薬と、愛用の胃ポンプを持ち込みます。ホワイトハウス付き医師の最初の仕事は、これまでのウィルソンの健康管理アイテムが余計に健康に悪いといって、取り上げることでした。このホワイトハウス付きの医師は、キャリー・T・グレイソンという海軍少将です。ウィルソンの任期中、健康管理という重大な任務を担い、個人的なアドバイザー役まで務めます。

　グレイソンはウィルソンがまともな生活を送れるように、大変献身的な仕事をした人です。ウィルソンの虚弱体質と持病の管理のため、グレイソンは執務時間を削ります。ウィルソンをゴルフに連れ出して一緒に運動し、よほどの重大事がなければ、執務は一日四時間ほどに限りました。

　一日四時間の仕事で人類が築き上げた文明を破壊したのですから、極めて効率的です。

第2章

大統領一期目は弱い者いじめに明け暮れる

モンロー・ドクトリンの真相〜アメリカも最初は小国だった〜

ウッドロー・ウィルソンを語る上で忘れられがちなのが、アメリカ大陸での所業です。しかし、ウィルソンを理解するのに、ウィルソンから始めても流れがわかりません。歴代大統領がアメリカ大陸で何をしたかを知る必要があります。

源流は第五代ジェームズ・モンロー大統領に遡ります。一度は「モンロー・ドクトリン」の用語を、聞いたことがあるでしょう。

教科書的理解を、まとめておきます。

【通説】

アメリカは建国以来、ヨーロッパに介入しない代わりに、ヨーロッパの南北アメリカ大陸への干渉を忌避していた。一八二三年、モンロー大統領が発した宣言はモンロー・ドクトリンと言われ、その後もヨーロッパが南北アメリカ大陸に介入や干渉をすることはなかった。

ただし、アメリカの他の中南米諸国への干渉は激しく、特にセオドア・ルーズベルトの

> **一連の対外政策は「棍棒外交」と呼ばれ、米西戦争に代表されるように、軍事力によって他国を圧するような姿勢であり、キューバその他の国々は合衆国の支配に置かれていた。**
>
> **それを継いだのがタフトであり、軍事力ではなく経済力によって諸外国を支配する政策が行われたので「ドル外交」と評された。**
>
> **これを是正したのがウィルソンであって、道徳的に中南米を指導しようとし、「宣教師外交」と称えられている。**

バカなのでしょうか。

しかし、学界の通説はこんなものです。学術書でも、大抵はこんな感じで語られます。その中で数少ない例外が、著者名は忘れましたが、『嘘だらけの日米近現代史』（扶桑社新書、二〇一二年）という名著です。ご興味がある方は、ご一読を。

ちなみに私は、アメリカ合衆国のことを知るのに中南米研究者の概説書で勉強するところからはじめました。真面目に学びたい人には、増田義郎《よしお》ほか編『ラテン・アメリカ史』Ⅰ・Ⅱ（山川出版社、一九九九〜二〇〇〇年）をどうぞ。

この通説の誤りを正していきましょう。

そもそもモンロー宣言は、ラテン・アメリカに対するスペインの影響を排除するため、イギリスが策しました。

南北アメリカ大陸は、カナダとアメリカを除いて、中米メキシコよりも南は基本的にスペイン語圏です。スペインは十七世紀前半まではヨーロッパ最大の大国でしたが、三十年戦争（一六一八～四八）、仏西戦争（一六三五～五九）、スペイン継承戦争（一七〇一～一三）、七年戦争（一七五六～六三）、フランス革命・ナポレオン戦争（一七八九～一八一五）と、多くの戦争に敗れ、国力をすっかり疲弊させてしまいました。ナポレオン戦争の時は、英仏両国の草刈り場です。両大国に国土を荒らされ回った挙句、戦争が終わった時には名実ともに小国に落ちぶれてしまいます。戦後は他の列強のお情けで生き延びる有様でした。

ただ、そこは腐っても鯛。世界中に、特に南北アメリカ大陸に広げた植民地が残っています。何より、言語の影響力が絶大でした。

今でも南北アメリカ大陸ではスペイン語が圧倒的多数です。北からカナダとアメリカ合衆国は英語ですが、メキシコはスペイン語です。カリブ海と中米の諸国もほとんどスペイン語です。南米は、ブラジルこそスペイン語と方言くらいしか違わないポルトガル語ですが、アルゼンチン・パラグアイ・ボリビア・チリ・ペルー・エクアドル・コロンビア・ベネズエラ……と、ズラリとスペイン語圏が広がります。

この意味がわかるでしょうか。

現在、中南米やアフリカの国々は植民地を脱し独立しているのに、旧宗主国の言語を公用語としています。多くの国は民族対立が激しすぎて、どれか一つの民族の言語にする訳にいかず、旧宗主国の言語を公用語にしている、といった事情の国が多いようです。ということは、議会で話されている内容や法律で書かれている条文を、自国の人間は大半がわからないのに、旧宗主国の人間はわかります。その国で出世したかったら旧宗主国の言語を習わねばならないし、そうなると旧宗主国の人間は引き続き支配階層として居座ることができます。

ほとんどすべての植民地が独立した二十一世紀でこれですから、広大な植民地を持つ十九世紀初頭のスペインは、まだまだメキシコ以南（イベロアメリカ）に絶大な影響力を誇っているのです。二百年にわたって扶植した権益は伊達ではなく、大英帝国ですら介入しづらいのです。そもそも、言葉のハンディキャップがありますし。

この頃のヨーロッパは、英・仏・露・墺・普が五大国です。五大国は、アメリカ大陸の勢力を巡り角逐します。

一八二三年時点の、南北アメリカ大陸のアクターを確認しましょう。

1823年の北アメリカ大陸

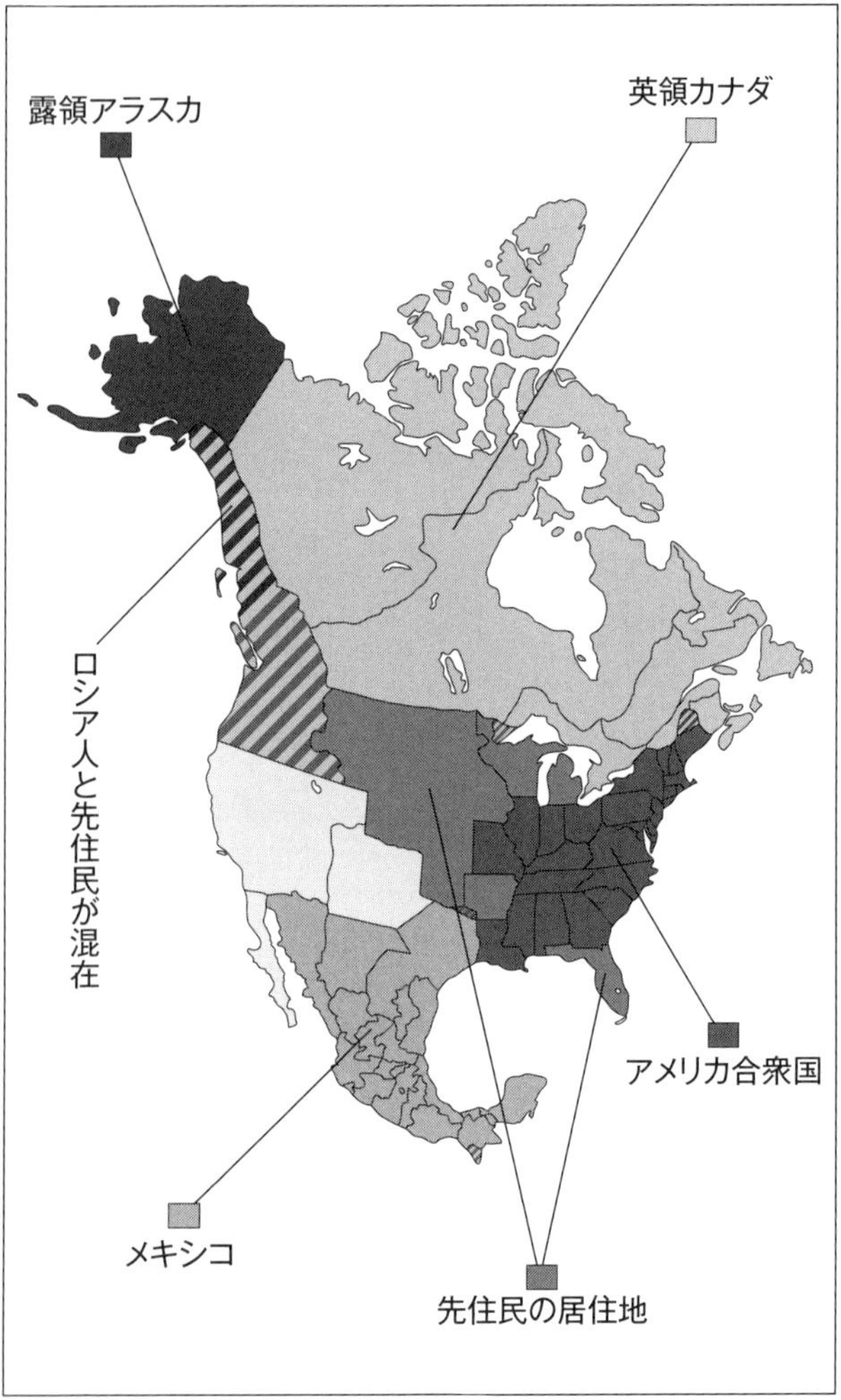

まず最北のアラスカはロシア領です。

一七四一年にＶ・Ｊ・ベーリングの探検隊が上陸して以来、毛皮交易の根拠地を築いて知事が置かれ、一八二一年にロシア皇帝アレクサンドル一世が領有を宣言しました。

ちなみに、アラスカは、一八六七年にロシアからアメリカに一ヘクタールあたり五セントという破格の安値で売却されますが、アメリカとロシアの双方で売買に賛否両論がありました。最終的に、ロシアはイギリスと国境を接するのが嫌で、アメリカに売り飛ばします。

露領アラスカの南が、英領カナダです。

カナダは、ロシアとアメリカ合衆国に挟まれています。大英帝国に圧倒的な軍事力があるので、挟み撃ちにされていても潰されないだけです。ちなみに、フランス人居住区も抱えています。

カナダの南が、まだまだ小国のアメリカ合衆国です。しかも、一八二三年のアメリカ合衆国は、東部だけです。

グレートプレーンズより西側は先住民族の住む土地ですが、入植者たち（＝日本人が想像するアメリカ人）から見れば不毛の地です。唯一の例外が西海岸のカリフォルニア州で、後に内陸部を飛び越して先に州になりますが、米墨戦争で獲得するのは二十年後のことです。

この頃はミシシッピ川までがアメリカの領域と認められてから四十年ほどで、そこから先は、この二十年でようやく合衆国領になったという時代でした。南側もスペイン領だったフロリダを手に入れたばかりです。

現代の頭ではアラスカはアメリカの州ですが、当時のアメリカ大陸はロシア、イギリス、アメリカ合衆国、その他スペイン語圏だという前提がわからないと、何が何だかわからなくなります。しかも、ロシアのアラスカ支配も、大英帝国領のカナダやアメリカ合衆国にしても、現代のように地図を全部塗りつぶすような支配の仕方にはなっていません。アラスカは毛皮狩りの拠点程度、ほぼ東海岸だけのカナダ、東海岸からちょっとだけ内陸に伸びただけの合衆国という、実にいい加減な支配に対して、それ以南はほぼ全部スペイン語圏です。

そのアメリカ大陸のスペイン領では、独立運動が盛んな時期です。アメリカ合衆国は、旧スペイン領にできた独立政府を承認していきます。スペインの力が削がれるのは、合衆国にとって大歓迎ですから。ただし、メキシコ以下多くの国が独立していますが、スペイン語を公用語とする国々ですので、スペインの影響力は侮れません。

なお、ブラジルを植民地とするポルトガルは、事実上はイギリスの属国です。

以上まとめると、強い国から順に、イギリス・ロシア・スペイン・アメリカの四つの国がアクターです。角逐の軸は、大国である英露の勢力争いです。ロシアはヨーロッパ本国ではオーストリア・プロシアと鋼鉄同盟を結んでいますので、両国の力を借りてイギリスに対抗しようとします。何か揉め事があって会議が開かれるたびに、露墺普の鋼鉄同盟が結束してイギリスに対抗する構図です。

フランスは状況により、英露どちらかの陣営に与します。

こうした状況の中でイギリスはスペインの力を削ろうとし、それを快しと思わないロシア以下他の列強、そうした列強の慈悲にすがって植民地利権を維持しようとするスペイン、そしてアメリカ合衆国以下現地の小国の思惑が交錯していたのが一八二三年の情勢で、この構図は基本的には長らく変わりません。その構図がいつ変わるのかは、少し後回しで。

イギリスはモンローに「スペイン領アメリカに介入するな」との共同宣言を発しようと、持ち掛けます。露墺普仏の四大国が組んでスペインを保護しようとしても、イギリス一国がアメリカを支援すれば逆らえないという状況を見せつけようとしたのです。ところが、モンローが独走する形で宣言してしまいました。

モンロー主義の背景については、アメリカ政治外交史が専門の中嶋啓雄《ひろお》大阪大学教授の研究があります。中嶋教授は、共同宣言に至らなかった理由が、当時のアメリカがロシアとの協調関係に配慮したためだといいます。アメリカとロシアは「海洋の自由」との問題意識を共有し、イギリス海軍の優位を恐れるアメリカと、イギリスの覇権に挑戦するロシアの利害が一致していたので、あからさまにイギリスと組むことはできなかったということです（中嶋啓雄『モンロー・ドクトリンとアメリカ外交の基盤』ミネルヴァ書房、二〇〇二年）。要するに、英領カナダを、ロシアと挟み撃ちにする格好だから、イギリスに攻撃されないのだとの国防意識を優先させました。スペインは排除したいが、イギリスにのめり込む訳にはいかないと考えたのです。

中嶋教授の研究は、アメリカがヨーロッパのバランスの上で立場を主張する以外のことをできなかったことをよく示しています。その証拠に、モンロー宣言を歓迎したコロンビアやブラジルから同盟の申し出があっても、モンローは言を左右にして逃げ回りました。中嶋教授は、「アングロフォビア」の一例として、イギリスのカニング外相と共同宣言の交渉にあたった駐英公使ラッシュが「イギリスはアメリカとの戦争なら、すべての党派が容易に団結する」と本国に書き送った事実を紹介しています（前掲『モンロー・ドクトリンとアメリカ外交の基盤』一一四頁）。中嶋教授が言うには、リンカーンの登場以前まで、ヨーロッパは平気でアメリカに対する介入ができたのです。

中嶋教授の研究は大いに参考にさせていただきましたが、リンカーンの時点でアメリカがヨーロッパの干渉を排除できる力を有していたかは疑問です。

有名な奴隷解放宣言にしても、南部がアメリカ連合国として独立したのをフランスとスペインが国家承認をしたので、対抗する為に奴隷解放を信条とするイギリスのパーマストン首相に媚びて味方に引き入れる為に行った側面が大きいのです。南北戦争からして、英仏代理戦争なのです。

さらに、リンカーンの次の第十七代大統領アンドリュー・ジョンソン政権の時代です。メキシコがフランスの干渉を受けて、ハプスブルク家のマクシミリアンを皇帝として送り込まれます。これをアメリカは、指をくわえて見ているだけです。

さらに、現地メキシコ人が大きな反乱を起こします。メキシコが大混乱の中で、ジョンソン大統領はモンロー主義にもとづいて、「ヨーロッパは干渉するな！」と格好よく宣言したは良いものの、マクシミリアンは反乱軍に捕まって命の危機です。「アメリカのことはアメリカがやるのだ」と言いながら、ヨーロッパ列強に「じゃあ、お前が助けろよ」と返されて、マクシミリアンが銃殺されるのを見殺しにしただけに終わりました。内乱状態のメキシコに勝てないアメリカが、ヨーロッパの大国に勝てるはずがありません。

ちなみに、この時のマクシミリアンは欧州宮廷の複雑な人間関係のもつれから、調子に乗ってメキシコ皇帝を名乗ってみたは良いのですが、誰も助けてくれずに、哀れ処刑されてしまいました。

では、アメリカがヨーロッパに堂々とモノを言えるようになるのは、いつでしょうか。早くて十九世紀末です。ヨーロッパ五大国の力関係が変化したのに、上手く付け込みました。

一八六二年、オットー・フォン・ビスマルクが、プロイセン国宰相に就任します。ビスマルクは一八七一年にドイツ帝国を建国した英傑です。その後、植民地経営に乗り出しました。太平洋側ではニューギニアを獲得、ヨーロッパ側では西アフリカでイギリスと協定を結び慎重に歩を進めます。ビスマルクは皇帝ヴィルヘルム一世の宰相として、ドイツ帝国をイギリスやロシアが一目置くほどの軍事大国に育てあげました。だからこそ、植民地を持つようになっても、ヨーロッパ全体のバランスを見た外交方針を取ります。

ところが皇帝が代替わりしてヴィルヘルム二世になると、一八八八年六月にビスマルクはクビになります。そして、皇帝が露骨な拡大方針を取ります。当然、他の大国とは対立します。覇権国イギリスとドイツの対立が先鋭化していくと、イギリスはアメリカがドイツと組むのを警戒します。

この頃になると、アラスカを売り払ったロシアは、アメリカ大陸に関与しません。フランスも、いくばくか保有している植民地以外では関係しません。オーストリアは最初からお呼びではありません。イギリスはアメリカとスペインのバランスを見ていますが、そもそもアメリカ大陸自体が世界の覇権抗争のメインストリームではないので、そこまで重視しません。スペインの勢力がどんどん衰退し、アメリカが本気で逆らわない限り、特に大きな干渉はしません。

ところが、ドイツのヴィルヘルム二世は「世界政策」を掲げ、イギリスに喧嘩を売るが如く世界中の国に粉をかけます。アメリカだろうがスペインだろうが、「イギリスの勢力を削れるなら、誰とでも組む」が当時のドイツの政策でした。

この時にアメリカの大統領だったのが、セオドア・ルーズベルトです。

T・ルーズベルトは、アメリカ大統領の中でも突出して優秀です。テディベアの語源の人で、自身のあだ名もテディです。

テディは一八九八年の米西戦争では、マッキンリー政権の海軍次官で、みずからラフ・ライダーズ（荒馬騎兵隊）という義勇騎兵隊を率いてチリのサンチアゴ上陸戦を戦った、国民的英雄でした。この頃の米軍は、米西戦争でフィリピンのマニラ攻略戦に三か月かかるという苦戦をします。米西戦争当時、イギリスに倣った海兵隊という名前の部隊はありますが、今の「殴り込み部隊」のような精鋭部隊ではありません。アメリカ海兵隊が今のような形になったのは、大日本帝国陸軍があまりに強いので、対抗するために知恵を絞って工夫して作り上げたとのことです（野中郁次郎『アメリカ海兵隊――非営利型組織の自己革新』中公新書、一九九五年）。それでもテディの時代にアメリカは、老いた旧大国のスペインならば勝てるようになりました。その後、大統領となったテディは外交には強力な軍備が必要だと考えて、海軍強化を進めます。

米西戦争でアメリカは、フィリピンの他、キューバやパナマをスペインから奪いました。

そしてイギリスは、テディが「棍棒外交」で中米を自分の縄張りのごとく扱うことを黙認します。カリブ海と太平洋を結ぶパナマ運河を作るときに、コロンビア領だったパナマをかなり強引なやり方で分離独立させたのですが、それでもイギリスは特に文句を付けません。すべて、ドイツへの対抗を優先させました。

こうしたイギリスの姿勢に、テディも応えます。テディは極めて話がわかる人で、ヴィルヘルム二世が英仏と激突したモロッコ事件でも、その収拾のために開かれたアルヘシラス会議でも、英仏側に立ちました。もっともこの会議、ドイツを支持したのは同盟国のオーストリアだけだったのですが。他にも、日本が関係するところでは日露戦争の講和斡旋という実績があります。これも日本だけでなく、イギリスの利益でもあります。

ちなみにこの頃、「英米は血の一体だ！」と双方の国で宣伝がなされます。腹に一物ためあってる女子高生たちが、「わたしたち、ズッ友だよね♪」と人前で宣言するようなものです。本当に一体だったら、宣言して宣伝する必要がありません。事実、「英米一体論」はあっても、「英加一体論」はありません。論じる必要が無いほど当たり前の事実だからです。

テディのような、外交と戦争が歴代アメリカ大統領の中で達人的に上手い稀有《けう》な人の後を継いだのが、第二十七代大統領のウィリアム・タフトでした。米西戦争後、フィリピン総督を務めて現地の混乱を収め、T・ルーズベルト政権時代には陸軍長官としてパナマ運河の建設計画を推し進めます。ただ、既に決まっている事柄を進めることは上手ですが、基本は凡人です。

そんなタフトが大統領となり、アメリカの強みを生かした経済外交をします。中南米やアジアで海外投資の促進や市場の拡大を行い、特にカリブ海地域で関税に対する監督権を獲得し、アジアでは清国での鉄道利権交渉に割り込むといった外交政策を取りました。タフトは「弾丸に代えるにドルをもってする」と述べます。これが「ドル外交」です。

タフトの時代も英独対立は激化するばかりですから、ドル外交はイギリスに黙認されます。タフトもそうした状況を利用して、アメリカの勢力を中米に扶植《ふしょく》します。

まとめると、テディにしてもタフトにしても、英独対立の間隙を利用して、勢力を伸ばしただけでした。まだまだ恒久的な覇権の確立には至っておらず、両国が対立を辞めて干渉してくれば、英独どちらの国にも太刀打ちできない程度の軍事力しか持っていないのです。

そして、ウィルソンの登場となります。

前章の最後で、テディとタフトが争った漁夫の利を得て、ウィルソンが大統領になってしまったお話をしました。

ウィルソンの不幸が最初に直撃したのが、メキシコなど中米諸国となります。

ウィルソンの神意政治がFRBを作った

さて、ウッドロー・ウィルソンは、何かの間違いが重なって大統領となりました。時系列で、まずはウィルソンの所業を追います。

長らく共和党に勝てなかった民主党は、ウィルソンの大統領就任を大いに喜びます。それに対する、栄えある就任時のお言葉はこちらです。

「私が次期アメリカ大統領になるのは神が定めたことだ！　君みたいな奴にとやかく言われる筋合はない！」

相手は、民主党選挙運動委員会の議長、ウィリアム・F・マッコンブスです。選挙結果の論功行賞に不満があったそうで、民主党の大統領候補指名を受けるための最初の運動から、ずっと支えて来た選挙参謀にこの仕打ちです。

ウィルソンが最初に行ったのは、議会に特別議会開会を要請することです。両院合同会議を開かせ、そこへ乗り込んで行ってすべての関税撤廃を要求しました。現在は、毎年一月、大統領は下院の議場に立法・行政・司法の関係者を一堂に集めて、一般教書演説を行っています。毎年恒例の施政方針演説です。

ウィルソンが大統領になった頃は、第三代ジェファソン以来、大統領は議会に直接出席しないことが慣例となっていました。大統領の発する文書が「教書」と呼ばれるのは、ジェファソンが議会書記にメッセージを朗読させたことに由来します。現在、大統領が年頭の教書を議会で演説するのは、ウィルソンの慣例破りから始まりました。もともとのウィルソンの夢は、「大英帝国首相」になることです。グラッドストンのような雄弁家が議会で論戦をして、国家の政策に強力な推進力を与えるというのが、初めて出版された論文『議会政治』でのウィルソンの問題意識です。アメリカの憲法を変えなければ首相にはなれないので、できる範囲でグラッドストンの真似をします。その結果、大統領みずから口頭で議会に教書を伝える形になりました。

だからといって、すべての関税撤廃などできるわけがありません。しかしウィルソンは、学生時代の弁論大会の感覚で議会演説をしているのです。学生時代から弁論や討論の大会で言い続けて以来の持論を、議会で国家元首として言い出したわけです。連邦議会は関税引き下げの法案を通して、ウィルソンの主張をある程度は認めてくれますが、民間の産業や商売で利害の絡む問題です。議員を利益代表とした陳情も行われますが、これを受けて国家元首たるウィルソンは、関税に関する陳情を弾劾する声明を出しています。自分のやりたいことを主張するだけで、物事をあまり深く考えていないのです。

この他のウィルソンの就任当初の実績は、連邦準備制度法案が成立したことです。連邦準備制度とは、アメリカの中央銀行のことです。現在も連邦準備制度理事会（ＦＲＢ）を意思決定機関として、日本で言えば日本銀行の役割をしています。

世の中には変な人がいて、「ウィルソンは国際金融資本の傀儡だ」と主張する人がいます。ＦＲＢを作ったので国際金融資本《でぃ〜ぷすてーと》の傀儡だとか。何を証拠に言っているのか、そもそも国際金融資本とは何なのかがよくわかりませんが、だったらディープステートは人類を不幸にしないように、ちゃんとウィルソンを飼っておいてほしいものです。もっとマシな人選ができなかった黒幕に対して、全人類を代表して使用者責任で莫大な賠償金を請求したいぐらいです。という冗談はさておき。

アメリカには、長らく連邦主義と反連邦主義の対立がありました。フェデラリストとリパブリカンです。共和党・民主党の枠に関わらず、それぞれに「国の形」を考える議論です。アメリカが連邦国家となって長らく中央銀行を作らなかったのは、そんなものを作ったら州の権限が連邦に奪われるのではないかと考えたからです。それを軽く作ってしまうのですから、ウィルソンが神懸かった政治力をもっていたことは確かです。

ウィルソンにとって政府の力を強めるとはすなわち、神によって定められた自分の権力を強めることです。

日本にもクジ引きで将軍に選ばれた足利義教という人がいて、神に選ばれたのだから何をやってもいいと抵抗勢力をなぎ倒したことがありますが、ウィルソンもそれと同じです。義教は中世人なので、それで良かったのですが、ウィルソンは近代の人です。室町幕府の守護大名にはまったく同情しませんが、民主党の族議員の皆さんには心から同情します。利権で腐敗したロビイストに同情できるタイミングは、人生でそうそう無いでしょう。

アメリカの大統領は、ワシントン以来の根本的な職責が軍の最高司令官です。だから、仕事なんか無い方が良いのです。今でも、「アメリカ大統領の権限は戦争をすることだけだ」と言われます。この構造は、現在でもあまり変わりません。アメリカの大統領は議会を味方に付けていなければ何もできないのです。そして、大統領は議会に対しては、一人のロビイストです。ロビイストとは、議会に法律を作らせようと、政治工作をする人の事です。アメリカではロビイストは、登録制です。ただ、ロビイスト登録をしていないロビイストがいます。大統領です。アメリカ大統領には法案提出権がありません。だから、やりたいことをやろうと思ったら、方法は二つです。

一つは、「こんな法律を作ってください」と議会に御手紙を送ることです。この御手紙のことを、教書と言います。もう一つが、議会の実力者に交渉すること、すなわちロビイングです。アメリカの制度では、いわば大統領自身が議会最大のロビイストなのです。議会の有力議員らは大統領に陳情しますが、大統領も議会のドンや他の有力ロビイストと談合しなければ何もできない構造になっています。なぜなら、独裁者を作らない制度だからです。

アメリカの制度は、独立戦争以来の反イギリス、反ジョージ三世から始まっているので、強すぎる王様、強すぎる行政権力者を作らない仕組みなのです。三権分立を真面目にやると、世界最弱の権力者と言われるアメリカ大統領ができます。ピンと来ない方は、小著『2時間でわかる政治経済のルール』（講談社＋α新書、二〇一九年）を参照して下さい。

ウィルソンは、この民主的制度による大統領の弱さを「神意」による神主政治で突破しようとしました。結果、長らく論争が続いていて設立の機運が停滞した、中央銀行を作ったという訳です。

日本への剝き出しの敵意

実は、日本とアメリカは友好国です。日露戦争後、それまでのような蜜月に陰りが見えますが、基本的には友好国です。

ここで、その陰りを確認しておきましょう。

日露戦争後、日米摩擦が発生します。日本に対する警戒は、セオドア・ルーズベルトの時に既にありました。テディは日露戦争の講和斡旋に尽力してくれましたが、日本がここまで勝つとは思っていなかったのです。日本の強さで生まれた心配の種は、米西戦争で獲得したフィリピンを拠点とする太平洋の権益です。アメリカ国内では日本人移民に対する反感が盛り上がっていた時で、一九〇六年にはカリフォルニア州サンフランシスコで日本人学童排斥事件が起こっています。こうした経緯に、欧州メディアは日米衝突を煽っていました。

T・ルーズベルトの対日観とその後の対日政策は、黒羽茂東北大学名誉教授の『日英同盟の軌跡　帝国外交の骨髄（上）』（文化書房博文社、一九八七年）に詳しいので、ご参考に。少なくともテディには、日本と戦争をする気はありません。

一知半解の方々がよく言われるのは、アメリカが「日露戦争の次は、アメリカと日本との戦争を覚悟していた」という話で、白船騒動が引き合いに出されます。白船騒動は、T・ルーズベルトがアメリカ海軍世界一周旅行を行い、明治四一（一九〇八）年十月、日本にも寄港した時のことを言います。日本は政財界を挙げて歓待しつつ、帝国海軍が白船艦隊の横浜入港当日から大演習を行います。テディは、「日本と戦うには、イギリス海軍とドイツ陸軍を連れてこなければ」という表現で、強い日本は友好に価すると考えました。

十一月には高平・ルート協定が結ばれ、日米はお互いの権益を認め合う諒解を交わしました。緊張はしていても、友好は維持しています。

テディの時代は良かったのですが、その後のタフト大統領は、アメリカの経済力に物を言わせて、アジアの権益にも首を突っ込むので日本に対しても挑発的です。貿易摩擦と同時に、日本人移民との間で文化摩擦も抱えることになります。代表的なのが「写真花嫁」です。写真でのお見合いによって日本人移民と結婚した妻が渡米することが、批判の的となりました（簑原俊洋『アメリカの排日運動と日米関係「排日移民法」はなぜ成立したか』朝日新聞出版、二〇一六年）。

こうした背景の中、ウィルソンが大統領に就任して間もない一九一三年の年頭、カリフォルニア州議会に排日法案が提出されました。有名なのは、日本人移民の農地所有を禁止し、借地まで制限した排日土地法ですが、この他にも、企業の所有禁止やら日本人移民の隔離収容やら様々です。日本側は当然、駐米大使を通じてアメリカ政府に善処を要求しました。

ところが、ウィルソンの返答は「州が決めたことなので連邦は何も言えません。でも、政府として努力はします」というものでした。それまで神の名の下に何をやってもいいと権限逸脱してきたくせに、この時はブライアン国務長官をカリフォルニア州に派遣して、知事に対して「そういうのは、良くないよ」と言わせた程度です。もっとも、ブライアンはそれすら「州権の侵害になる」と言って嫌がったそうですが。ウィルソンは、挙句の果てには「カリフォルニア州の人たちの気持ちはわかる」と言い出します。

二〇二〇年六月二十八日、プリンストン大学がウィルソンの黒人差別や、ＫＫＫ（クー・クラックス・クラン）を支持するような発言があったとして、学部や施設の名称からウィルソンの名前を外す方針だと発表しました。当時の認識を現在からさかのぼってとやかく言うのもどうかと思いますが、少なくとも当時は黒人に限らず、東洋人に対してもあからさまな人種差別をしていました。

それでも、ウィルソンのその後の対日政策を考えれば、この頃の日本との関係は、さざ波程度の話です。

東アジアでは一九一一年の辛亥革命が起こり、翌一九一二年元旦には清朝が転覆して中華民国が建国されます。六月、中国大陸安定の為に、日英露仏独米の六か国が協力して借款団を結成します。それを大統領に就任したてのウィルソンが突如として抜けるなどの騒ぎがありました。しかし何と言っても、東アジアで最強の大国は日本です。大日本帝国ある限り多少の混乱はあっても、深刻な事態にはなりません。

ウィルソンに酷い目に遭わされたのは、中南米の国々でした。

内戦中のメキシコを侵略しようとして失敗

ウィルソン政権の外交は、主に第一次世界大戦とその講和会議に集中して論じられることが多いのですが、政権当初からラテン・アメリカに対する派兵と干渉が相次ぎました。ウィルソンが介入したのは、メキシコ、ドミニカ共和国、ニカラグア、ハイチです。歴史学者の麻田貞雄同志社大学名誉教授は、「ウィルソンのラテン・アメリカ政策が後の国際連盟計画の一つの実験場とみることができる」と述べています（アーネスト・R・メイ編『アメリカの外交』東京大学出版会、一九七二年）。

ウィルソンの研究については、マイケル・J・ホーガン編『アメリカ大国への道　学説史から見た対外政策』（彩流社、二〇〇五年）にまとめられています。日本でもよく名前の知られている外交官出身の政治学者ジョージ・ケナンから、本書でも参考にしたウィルソンの伝記の執筆者アーサー・S・リンク、歴史学者のN・ゴードン・レヴィン、ロイド・ガードナー、トーマス・J・ノック、リンクの説を補強したジョン・ミルトン・クーパー、国際社会での再定義を試みたロイド・アンブロシウスとトニー・スミスの議論、修正主義学派のロイド・ガードナー、対メキシコ政策を取り上げているフリードリック・キャッツ、戦前の中立法研究から見たジョン・W・クーガン、ロバート・ファレル、ギョーグ・シルド、フレデリック・カルフーン、アメリカでも有名な国際政治学者の入江昭などなど、多数紹介されています。ご参考までに。

さて、ウィルソンは就任一年目から、いきなり大英帝国に喧嘩を売ります。

一九一三年十月二十七日、アラバマ州モビール（モービル）市の南部商業会議で行われた、「モビール演説」です。一般にはほとんど知られていませんが、ウィルソン研究者は全員が知っている有名な演説です。

ウィルソンは、開通間近なパナマ運河が南北アメリカを分断するのではないのだと言い出し、南北アメリカの精神的な紐帯を強調します。前出の麻田教授は、この演説を「列強によるラテン・アメリカの搾取を非難し、平等と友愛精神の基調を打ち出した」けれども、直接的な動機として「メキシコにおけるイギリスの活動に対して警告を発し」たのだと解説しています。他にも、ウィルソン政権時代の中南米への干渉は、カリブ海地域へのドイツ人移民の影響を危惧したものだという見解もあります。

要するに、ウィルソンは口先できれいごとを延々と述べながら、「イギリス人をはじめ、ヨーロッパの連中は全員出ていけ！」と宣言しつつ、「アメリカ大陸は俺の庭だ！」とラテン・アメリカ諸国に介入しているのです。ただし、いくら演説録の文書を読んでも、それだけでは当時の国際社会でどんな意味があったのかはわかりません。この地域の事情を説明しましょう。

メキシコは十九世紀後半から、ポルフィリオ・ディアス大統領が長期政権を敷いていました。ディアスは米墨戦争当時に国防軍に入った軍人出身の大統領です。憲法上の大統領任期が切れると、一期だけ自分の傀儡を大統領に就けて、その後はまた自分が大統領になるというやり方で事実上の独裁政権を築きます。現在のロシアでプーチン大統領がやっている政権維持の方法を編み出した人です。

ディアスの時代のメキシコは、国策として外国資本を優遇して入れることで鉱工業が発達します。ディアスの外資優遇でメキシコに投資していた主な国は、イギリス、フランス、スペイン、ドイツ、そしてアメリカです。

一九一〇年、ディアス独裁に反対する武装蜂起によって政権が倒されると、その後のメキシコ国内は一気に不安定になりました。武装蜂起の指導者フランシスコ・マデロが政権を立てると、すぐにまた反乱が起こり、鎮圧を命じられたはずの陸軍司令官ビクトリアーノ・ウエルタがマデロを謀殺する有様です。メキシコはここから内戦に突入します。

ウィルソンが大統領に就任して間もなくの時期に、メキシコで台頭したのがベヌスティアーノ・カランサです。カランサはマデロの方針を引き継ぎ、ウエルタの政府軍に対して「憲政軍」を率いて戦います。一九一三年十月十七日には、カランサが臨時政府を樹立しました。

そのすぐ後に行われたのが、ウィルソンのモビール演説です。ウィルソンがカランサを支持すべく、「メキシコは俺の舎弟だ！　イギリスは口出しするな」と宣言したのです。

翌一九一四年四月二十一日、ウィルソンは海兵隊八千人をベラクルスへ送り込みました。ベラクルスはメキシコで最初にスペイン人が上陸した場所で、スペインの植民地時代は新大陸と本国をつなぐ玄関口となった港湾都市です。アメリカ海兵隊の派遣の名目は、ウエルタ陣営に武器弾薬を運ぶドイツ船の臨検と積み荷の接収でしたが、現地では米軍とメキシコ人との軍事衝突が起こりました。アメリカは、交戦するウエルタとカランサの両陣営から非難を浴びることとなります。

そんな非難など、ものともしないのがウィルソンです。「メキシコ人とカリブ海地帯の人民に良い指導者の選び方を教え、賢明な統治の仕方を教えるために、直接的に干渉するという形で外交の権力を利用する」という考えだからです（前掲『ウッドロー・ウィルソン伝』）。

こういうのを一般に、「侵略」といいます。もう少しマシな表現をすると、「現地人に対して武力行使する気満々のPKO」でしょうか。現在の国際連合の感覚と変わりません。

ちなみに、リンク先生は「ウィルソンとブライアンはそう考えた」という書き方をしていますが、ブライアン国務長官はイエスマンです。カリフォルニア州の排日騒動の対応もそうですが、ウィルソンに付いて行くだけです。

日本の大臣に相当するアメリカの各長官は、原語で言うとsecretaryです。日本の大臣の感覚ではなく、例えるならオーナー企業の社長と秘書の関係なので、反対すればクビです。たまに、外交史料を持ちだして、ブライアンに自由意志があったかのような嘘を書く人がいますが、そんなものはありません。そのブライアンにしても、そもそもウィルソンと仲良くできている時点で真人間ではありませんので、注意が必要です。

とはいっても、メキシコ内の争いを止められるほどの侵略戦争をする軍事力は、当時のアメリカ軍にはありません。ほとんど国境紛争のレベルで、内戦中のメキシコといい勝負をする程度でした。ペリーの黒船以来、アメリカ軍は世界最強の海軍のイメージで語られたり、現在のイメージで昔からアメリカが超大国だったと勘違いしたりされるのですが、この当時のアメリカ軍は大したことはなかったのです。当時のアメリカ海兵隊など、ギャング退治の警察に毛が生えた程度です。

第一次世界大戦直前のこの時期は、イギリスとドイツがすさまじい建艦競争をしていて、大日本帝国海軍ですら付いて行くのが大変です。日露戦争で帝国海軍の旗艦になり、東郷平八郎が座乗して海戦を繰り広げた戦艦三笠が、十年もたたないうちに実戦で使い物になるかどうかわからないと言われたほどです。

アメリカはT・ルーズベルトの時代に海軍力の強化に努めたので、海軍力はそれなりです。海軍の支援が届く範囲でなら、どうにか戦えます。内戦中のメキシコに対して、ベラクルスの占領というのは実に安パイな勝負です。ところが内陸に入ると、メキシコにさえ蹴散らされて終わりです。

現在も同様ですが、アメリカ軍は基本的に外征軍です。アングロサクソンは、伝統的に常備軍を持ちたがらない性質があります。常備軍など持っていたら、国家権力に何をされるかわからないという考え方で、イギリスの時代からその感覚が強いのです。アメリカは国民が自分たちで銃を持ってしまうお国柄ですし、国内では自治の範囲で州兵を持っています。このため、当時の陸軍は保安官に機関銃を持たせたようなものなのです。

一九一四年時点の陸軍力のデータを見るとよくわかります。常備軍を嫌うことは共通しているイギリスの陸軍が三十八万人規模だったのに対して、アメリカはわずか九万八千人規模です。ちなみにこの頃の日本は二十五万人ですから、アメリカ陸軍がいかに小規模だったかがわかると思います。ただし予算で見ると、帝国陸軍はダントツで規模が小さいのですが（進藤榮一『現代アメリカ外交序説』創文社、一九七四年）。

とにもかくにも、当時のアメリカ陸軍は艦砲射撃の届くところでなければ戦えなかったのです。その割に、言っていることは「我々が文明というものを教えてやる」と、ずいぶん偉そうです。

現代でも、中南米に対するアメリカの態度は、あまり変わりません。一九九〇年にパナマ共和国のノリエガ将軍は、麻薬密輸の容疑でアメリカのフロリダ州大陪審に起訴され、米軍がパナマへ侵攻して逮捕されました。仮にも一国の指導者を「逮捕」です。保安官がギャング退治をする感覚です。メキシコのような比較的大きな国は別ですが、こうした中米の小さな国や島はアメリカの州より小さいですから、アメリカは弱い者いじめが得意なのです。

もともと、そういう体質のアメリカだったから、ウィルソンが登場する余地があったのだと押さえておきましょう。

誰よりもえげつない中米の保護国化

ウィルソンがメキシコといい勝負をしていた任期二年目の一九一四年は、ヨーロッパが第一次大戦に突入していく年です。六月二十八日、オーストリアの皇太子が殺害されるサラエボ事件が起こります。第一次世界大戦の開戦日がいつなのかは色々な解釈がありますが、ドイツがロシアに宣戦布告した八月一日とされるのが一般的です。以前から孤立していたドイツと、その他大国間では対立が先鋭化していました。

ウィルソンは外交顧問のハウス大佐をヨーロッパへ派遣しています。身分は個人使節です。ちなみに「大佐」と呼ばれていますが軍人ではなく、単なる愛称です（『ハウス大佐回顧録（二）』、『大阪朝日新聞』一九二六年）。選挙で票を持ってきた地域の顔役が外交顧問として国務長官を無視して外交の根回しと交渉を延々と行っていたのです。ハウス自身は、軍人でもないのに「大佐」と呼ばれることに抵抗があったそうですが、欧州でも定着してしまったようです。そんなハウス大佐は、ウィルソン政権の中では、限りなくマトモな人物です。

ハウスは、イギリスとドイツで政府要人と会見しています。ドイツでは皇帝ヴィルヘルム二世とも話をしていますが、アメリカはこの時点でヨーロッパの国際政治のメインストリームとまったく関係のない立場です。

サラエボ事件が起こった時にドイツ皇帝に宛てて送った書簡がヴィルヘルム二世に届かないまま、オーストリアがセルビアに宣戦布告します。ヴィルヘルム二世はオーストリアが何を言っているかも検討しないまま追認して、戦争が始まってしまいます。その間、ウィルソンは内政問題に熱中しつつ、メキシコに弱い者いじめをしながら「オレは世界最強だ」と威張っていました。

第一次大戦でのヨーロッパ五大国の誤算は、この戦争が思っていたよりもはるかに長期化したことです。イギリスとドイツの双方が、互いにクリスマスまでに勝てると思って始めた戦争なのです。ところが、これがダラダラと四年も続いてしまいます。

第一次世界大戦は、ドイツが陸で善戦しつつ、海では制海権を持つイギリスに勝てないまま膠着します。戦争中盤の一九一六年半ば、ドイツはユトランド沖で艦隊決戦を挑みますが、奮戦虚しくイギリスから制海権を奪うことはできません。そこで唯一ドイツがイギリスに勝てる方法としてひねり出したのは、通商破壊でした。民間船であっても軍需品を運んでいたら、とりあえず沈めてから後のことを考えよう、という作戦です。これはイギリスを苦しめることに成功しました。

ドイツの思惑は最初からハズレっぱなしでした。ドイツはフランスとロシアに挟撃されることを想定して、その対応を策定していました。シュリーフェン・プランと呼ばれる作戦計画です。足の遅いロシア軍の動員が完了する前に目の前のフランス軍を破り、軍を大きく旋回させてロシア軍と対峙しようという計画です。ドイツの参謀本部はこれを手直しして第一次大戦で実施したのですが、結果からいけばドイツ参謀本部が楽勝だと思ったフランス軍は意外にも頑強で、逆にロシア軍がボロボロでした。両軍とも陸海の双方で戦争を有利に終わらせる決め手に欠け、双方ともに戦争をやめないので戦線が膠着することとなりました。

かくして、戦争は国と国の決闘から、総力戦に様相を変えます。決闘とは、ある目的をめぐって場所と時間を決めて戦うこと。目的を果たしたら、やめます。一方で総力戦とは、相手の総力を潰すまで戦う戦争です。

決戦とは、戦場が陸か海かにかかわらず、その戦いの帰趨が講和に結びつく戦いのことです。海戦では、日露戦争の日本海海戦が艦隊決戦の典型です。ドイツはユトランド海戦を日本海海戦のような艦隊決戦に持ち込みたかったのですが、決定的な勝敗には至らず、膠着が続きます。決戦が無いから、総力戦です。それにもかかわらず、両軍が決戦を求めて戦うので、莫大な数の戦死者が出現します。

ヨーロッパの五大国がヨーロッパ全土で、こうした総力戦を繰り広げました。大国どうしで決定打が出なければ戦いの終わるタイミングがないので、あとは延々と互いに疲弊していくだけの戦いです。第一次世界大戦は負ける側だけでなく、勝つ側も疲弊して共倒れになるという、人類にとって極めて悲惨な戦いとなりました。

そうしたヨーロッパの戦いであらゆる不幸が重なっている時に、ウィルソンがやっていたのは、ハイチいじめです。

ハイチはキューバの隣、カリブ海に面したラテン・アメリカの島嶼部を構成する国です。十五世紀末にコロンブスが発見した島で、金鉱がありました。金鉱の採掘に使われた先住民が絶滅し、十六世紀初頭には黒人奴隷がこき使われます。フランスの支配を経て一八〇四年に独立しました。ラテン・アメリカで最初に独立国となり、世界で初めて成立した黒人による共和国です。独立後、一八〇〇年代は内乱に明け暮れ、大統領は九十年間に二十二回交代するような国です。小さな政変は無数。ここへ乗り込んできたのがウィルソンです。

一九一五年、ハイチで反政府派の虐殺事件が起こると、ウィルソンは例によって海兵隊を派遣します。今回の名目は、ハイチにあるアメリカの権益保護です。最終的にアメリカ軍によるハイチ占領はウィルソン政権以後も続き、一九三四年まで続くことになりました。

アメリカのハイチへの介入や憲法制定に対する干渉は、駿河台大学の北原仁教授が詳しく研究しています。ウィルソンのやり方は、まず相手国の財政をコントロールする方法でした。関税を監督する条約を結び、大統領の財政顧問の任命を掌握し、治安維持をアメリカが担うというものです（北原仁『占領と憲法 カリブ海諸国、フィリピンそして日本』成文堂、二〇一一年）。アメリカ大統領の提案にもとづいて、ハイチ大統領が任命したアメリカ人の将校が警察隊を組織するというのですから、ハイチ大統領はアメリカの傀儡です。憲法制定に干渉し、憲法に軍事占領下でのアメリカ政府の行為に対する免責を明記させました。どこかの極東の島国を彷彿させる条項がまかり通っています。

カリブ海地域は、その成り立ちから黒人や黒人との混血の人々の国です。一八〇〇年代からアメリカに根強かったのは、黒人やカトリック教徒にはマトモな国家運営などできないという認識でした。特にハイチは、主な信仰がブードゥ教で、「飲むと死ぬことが怖くなくなる魔法の白い粉」などと麻薬を名産にしている訳のわからない国なので、アメリカは「指導する」ことを正当化しました。

普段なら国内外のどこかから「お前は何をやっているのだ」と抑止されるようなことですが、不運にもヨーロッパはお互いに消耗しかしない戦争で沈んでいっている最中なので、ウィルソンは文句をつけられることもなく、何の根回しもすることなくやりたい放題をして許される状態です。

ウィルソン政権のうちに、もうひとつ軍を派遣したのがドミニカ共和国です。ドミニカ共和国は、カリブ海に浮かぶイスパニョーラ島でハイチと隣り合う国です。

十九世紀後期からドミニカ共和国の財政は対外債務に頼っていました。債権国はフランスやベルギー、ドイツといった国々です。ドミニカ共和国でも独裁的な政権に対する反政府運動で、頻繁に短命政権が交代する不安定な情勢が続きます。一九〇五年、T・ルーズベルトの頃にアメリカはドミニカ共和国の関税徴収管理と、ヨーロッパ列強との調整を一手に引き受けました。債務の一本化と、債務返済が停滞した時の軍事干渉を約束させる協定を結びます。一国の財政が他国政府の管理下に置かれるとは、事実上の保護国です。

ドミニカ共和国の政情が安定しない中、内戦状況になっていったドミニカ共和国に対して、ウィルソンはいつもの海兵隊を送ります。ドミニカ共和国でクーデターの動きがあることを名目に、一九一六年四月、アメリカの海兵隊が上陸しました。以後、ドミニカ共和国が米軍の軍政下に置かれます。米軍が撤退したのは、一九二四年のことです。

米軍が軍政を敷く中、ドミニカ共和国は第一次大戦中の砂糖の国際価格の浮沈によって活況と不況を経験しました。米軍は、不景気になるとさっさと撤収してしまいます。米軍の軍政下で社会インフラや教育制度が整備された面もありますが、ドミニカ共和国の経済はアメリカに依存していくこととなりました。国軍の創設や警察制度の整備はされましたが、こうした制度のもとで軍が強い影響力を持つようになります。

ウィルソンがカリブ海地域をどうしたかったのかには、色々な視点があるようです。ウィルソンが「自分の指導のもとで良き国家統治を実現する」という頭だったのは確かですが、やっていることから見ればアメリカの投資した利益を守りたいだけです。

ウィルソンの理想主義を褒めたたえる人に限って、こうした露骨な帝国主義政策（やられた側からすると、つまり侵略）を褒めたたえるので訳がわからないのですが。

ただし、一つ言えることがあります。

アメリカの歴代政権は「モンロー主義」などと威張っていましたが、ヨーロッパの顔色を窺いながら中米での弱い者いじめを行っていました。T・ルーズベルトやタフトも、そうです。

ところが、ウィルソンの時代には、ヨーロッパの大国すべてが第一次大戦でアメリカ大陸に干渉できなくなります。大戦中のウィルソンはやりたい放題やりましたが、戦争が終わった時にはヨーロッパは誰もアメリカ大陸の出来事に干渉する力を無くしていました。

しょせんは建前にすぎなかったモンロー主義は、その中でも「欧州諸国をアメリカ大陸に干渉させない」は、ウィルソンによって実体化したのです。

第3章

第一次世界大戦——まだ参戦していないのに世界を振り回す

第一次世界大戦には何の必然もない

ウィルソンと言えば、第一次世界大戦です。だいたい、こんな感じで語られているのではないでしょうか。

【通説】

十九世紀後半、帝国主義政策を取るイギリスは、インドのカルカッタ、エジプトのカイロ、南アフリカのケープタウンの三地点を結ぶ地域を支配する３Ｃ政策を推し進めた。

それに対してドイツ帝国は、ベルリン、ビザンチウム（現イスタンブール）を経てバグダードに至る鉄道敷設事業の３Ｂ政策で東方進出を図り、イギリスの３Ｃ政策やフランスの近東政策、ロシアの南下政策にとって脅威となり、三国協商が結ばれるきっかけとなった。

このため、英仏露の三国協商と、独墺伊の三国同盟が睨《にら》み合い、列強間の利害が調整できず第一次世界大戦に至った。

サラエボ事件で勃発した第一次世界大戦に、アメリカは当初、中立であった。長期化す

る中でウィルソン大統領は「勝利なき平和」を呼び掛けた。人類未曽有の悲惨な戦争に心を痛めたウィルソンは、戦後に理想的な平和世界を作ろうとしていたのだった。

ところがドイツは無制限潜水艦作戦でアメリカの民間船をも沈め、ウィルソンは英仏の陣営で参戦する決意に至る。アメリカの参戦は、戦局に決定的な影響を与えた。

そして、ドイツの降伏で終わった後のヴェルサイユ会議では、ウィルソンは国際連盟の創設など理想主義的な主張を行ったが、その思いは実現しなかった。

もっともらしい用語が並んだ後で、ウィルソンが聖人君子として描かれています。何の冗談でしょうか。

世の中、全部嘘だったら簡単です。問題は、嘘と本当が混ざったときです。見分けるためには、面倒ですが、一つひとつ検証していきましょう。

まず、この通説だと、日本という国がまったく出て来ません。だったら「世界大戦」などと、名乗ってもらっては困ります。当時の大日本帝国は、誰もが認める大国です。世界第二位のロシアと真っ向から勝負して打ち負かしました。世界最強の大英帝国も一目置く存在です。大日本帝国を抜きにして当時の世界を語るなど、一面的です。

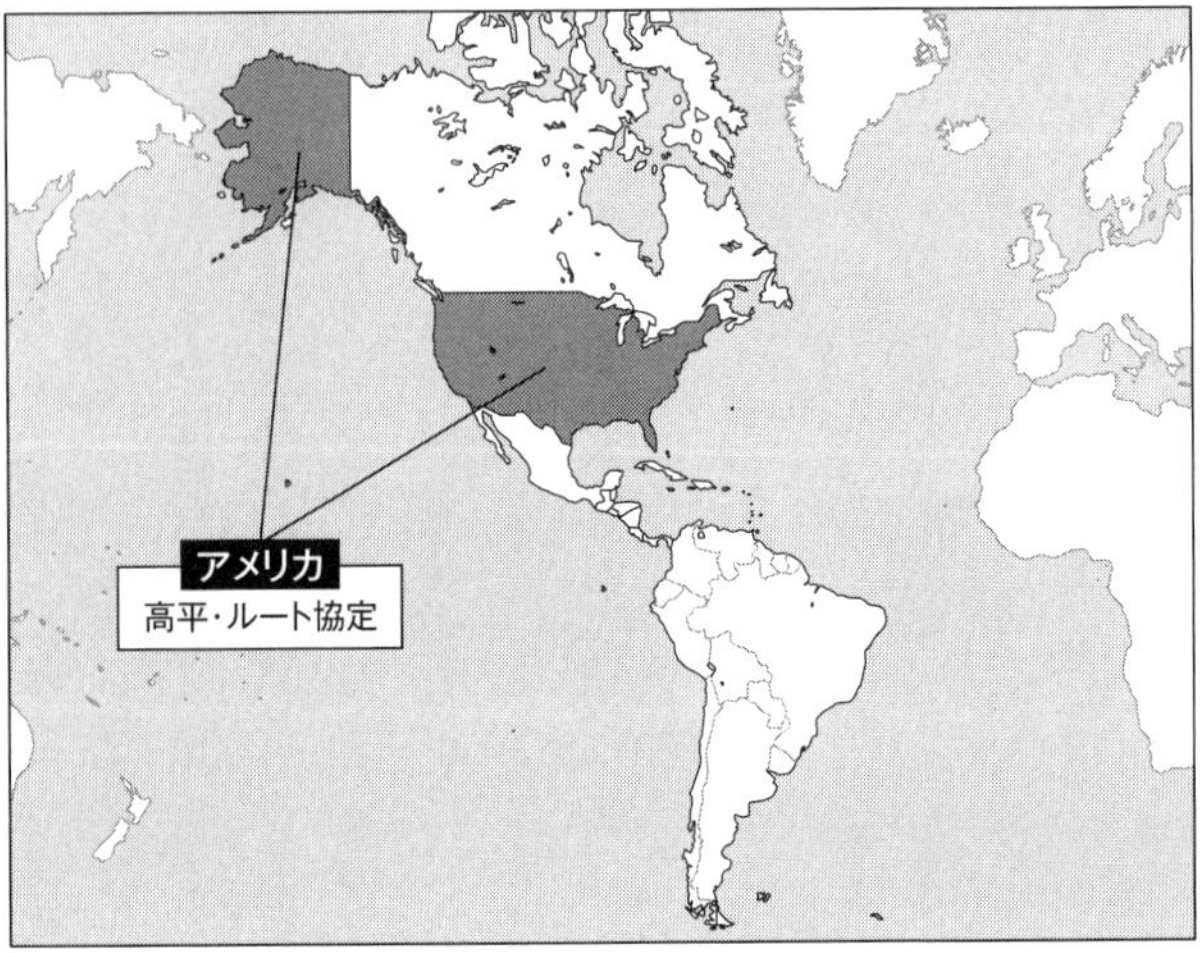

ところで第一次大戦をやっている最中から「第一次」なんて名乗るはずがありません。当時のヨーロッパ人は「Great War（大戦争）」ついで「World War（世界大戦）」と呼びました。対して日本人は、「欧州大戦」と呼んでいました。こちらの方が実態に合っているでしょう。

さて、背景の説明です。以下、詳しく知りたい方は、西洋史学者の中山治一《じいち》先生の概説書をお読みください。例えば、中山治一『世界の歴史〈21〉帝国主義の開幕』（河出書房新社、一九九〇年）なんかが手ごろでしょう。中山先生の御著書が難しいとか、入手しにくい方は、倉山満という方の本が手に入りやすくて読みやすいのでオススメです。

第一次世界大戦時の世界（3C政策、3B政策）

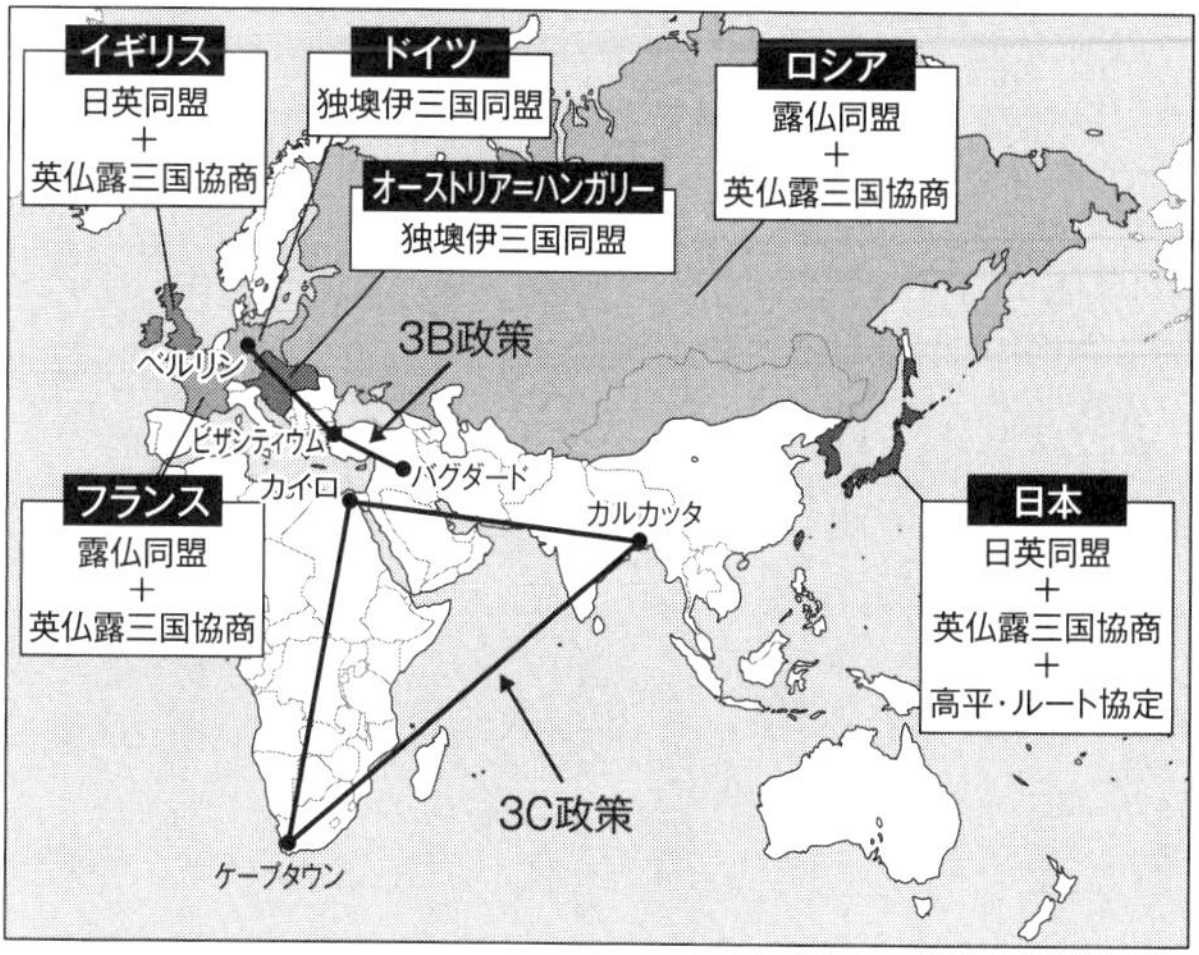

まず、世界史の教科書に出てくる3C政策と3B政策の対立です。そんなもの、ありません。「ありません」が言い過ぎなら、それですべてを語ってはいけません。

日露戦争後、日英同盟と露仏同盟が結びつきます。英仏露三国協商と言われますが、露仏は日本とも協商を結びます。その日本は、アメリカと高平・ルート協定を締結しています。周辺のすべての大国と友好関係を結んでおり、日本を脅かす国は一つもありません。

これをドイツから見れば、「日本だけが安全地帯で、自分が包囲されている」です。しかも、実質的な同盟国は落ち目の老大国オーストリアだけです。一応、名ばかり大国のイタリアが形式上は同盟国ですが、既に英仏と内通する有様です。

こうした状況になったのは、ドイツ皇帝のヴィルヘルム二世がロシアを日本との戦争に差し向け、その後も不誠実な外交を繰り返したので、日露戦争後は仲直りした日英と露仏が結びついたのです。アメリカ大陸など世界中でイギリスに喧嘩を売っていました。そうした一連の流れの中で、３Ｃ政策と３Ｂ政策が出てきたにすぎません。

そもそも３Ｃ政策って、何でしょうか。カルカッタ、カイロ、ケープタウンを鉄道で結ぶ計画です。しかし、この三か所は大英帝国の重要な港で、既に支配しています。他にも、ドーバー、ジブラルタル、シンガポールなどの要衝を押さえているから、大英帝国は世界の覇権国家なのです。そのイギリスの海洋覇権に、ドイツが挑戦した一つの事例が、３Ｂ政策なのです。

ただ３Ｂ政策は、挑戦としては不徹底でした。柱となるバグダード鉄道には、イギリス資本が入っています。事業への資金供給の中心となったドイツ銀行が、英仏資本の協力を求めたからです。バグダードまで繋がる大陸鉄道ができたら、エジプトやインドといったイギリスの植民地を脅かすように見えます。これをイギリスが懸念して、ペルシャ湾に通じる最南端のバグダード―バスラ間の鉄道敷設権を放棄するよう求めました。これにドイツはあっさりと応じます。実際には大戦がはじまって仮調印だけに終わりましたが。こんなのはネット事典の『日本大百科全書』の「バグダード鉄道」の項目にも載っているような話です。

３Ｃ政策と３Ｂ政策の対立だけで、世界大戦になったのではありません。そもそも大戦前の英独は、経済的に依存し合っていました。

よく、「経済的に依存し合っている国は、戦争なんて愚かなことはしない」という理論があります。最近だと、ジャーナリストのトーマス・フリードマンが「国際紛争を防ぐ黄金のＭ型アーチ理論」なるものを説いています（トーマス・フリードマン著、東江一紀・服部清美訳『レクサスとオリーブの木――グローバリゼーションの正体』草思社、二〇〇〇年）。マクドナルドのある国どうしは戦争をしないという説で、アメリカのマクドナルド本社との共同調査による検証まで行っています。結果は、一九九九年までは例外なく当てはまったという程度のもので、たまたまその時まではそうだったという、何の根拠や証明にもならない説です。

第一次大戦は、経済的依存関係が戦争を防ぐとは限らない、最大の事例です。さらに言うと、第二次大戦で日本は経済的に依存しているアメリカに喧嘩を売りました。

第一次大戦を語るには、その前の二度にわたるバルカン戦争を知らねばなりません。

一九一二年十月にはバルカン半島の四国同盟（ブルガリア、ギリシャ、セルビア、モンテネグロの小国連合）がトルコに宣戦布告し、第一次バルカン戦争が起こりました。小国連合が勝利します。ところが小国連合は奪った領土の配分をめぐって決裂し、一九一三年に第二次バルカン戦争が勃発します。他の三国がブルガリアを攻撃し、トルコも加担しました。たとえるならば、桃太郎がイヌ・サル・キジを連れて鬼退治をしたまでは良かったものの、宝の分け前で揉めて、イヌ・サル・キジが桃太郎を裏切ったら、鬼まで一緒にリンチに加わった、というところです。

こうした誰が何の為に戦っているのかよくわからない戦争を、英仏露の三国協商と独墺伊の三国同盟が協力して和平に持ち込みました。ところが、オーストリアの皇儲（皇位継承者）夫妻がセルビアのテロリストに暗殺され、紛議が飛び火します。

オーストリアに最後通牒を突きつけられたセルビアは、ロシアを頼ります。結果的に外交で話がつくことはなく、セルビアの後ろ盾のロシアも、オーストリアの同盟国のドイツも参戦します。そして、「セルビア＝ロシア＝フランス＝イギリス＝日本」と同盟の数珠つなぎのように、参戦国が拡大しました。

ここまでの過程で、何の必然性もありません。各国とも、その当時の政治判断で、参戦しただけです。特に日本など、イギリスの要請に応じて参戦するかどうかで議論がありましたし、何よりそのイギリスが参戦要請を二度も取り消している醜態なのです。

第一次大戦には何の必然性も無く、不幸な偶然と錯誤が重なっただけです。実に不合理極まりない戦争です。

これが大事なことですが、ユーラシア大陸の西の果てのヨーロッパ全土から、東の果ての日本までが参加したので「世界大戦」と称しても、間違いではありません。しかし日本が、実質的な世界大戦にさせませんでした。陸では青島に籠るドイツ軍を慎重に撃破。陸軍は、やることが無くなってしまいます。海では、カナダから地中海まで、帝国海軍が守っています。ドイツ海軍は大西洋では善戦するのですが、カナダから地中海では日本に掃討されて終わりです（平間洋一『第一次世界大戦と日本海軍――外交と軍事との連接』慶應義塾大学出版会、一九九八年を参照）。しばしば言われる「日本は第一次世界大戦に事実上は参加しなかった」とは、「日本は強すぎて世界大戦にさせなかったから」との側面を忘れるべきではないでしょう。

お呼びでないアメリカ

ここまで、アメリカはどこにも関係がありません。

前章で見た通り、中米いじめとメキシコとのじゃれ合いで忙しいアメリカには、ヨーロッパ大戦なんて関心外です。

とはいうものの、ヨーロッパにチョッカイは出しています。そのチョッカイの様子を、見ていきましょう。

ウィルソンは、六月からヨーロッパにハウス大佐を派遣して、ドイツ・イギリス・アメリカその他大国間での全般的協調関係を提案しています。国際連盟のような機関としての構想はまだ固まっていないのですが、要するに「ウィルソンが仲介してやると言っているから、お前ら仲良くしろ」との意味です。当然、イギリスのエドワード・グレイ外相には、相手にされません。グレイ外相が「一応、ドイツと交渉してもいいよ」と人づてにハウス大佐に伝えていますが、ハウス大佐がその旨を書き送った書簡をヴィルヘルム二世は見ていません。どこまでも不幸な偶然です。それを読んだところで、何か変わったのかというと、何も変わらなかったでしょうが。

ハウス大佐が後々まで、ヨーロッパで全権大使のような外交交渉をやっているのは、ウィルソンがハウス大佐をホワイトハウスに一室与えるほど大事にしていた友人だったことと、ウィルソンとブライアン国務長官は外交のことに興味も知識もなかったからです。ハウス本人はテキサス州生まれのアメリカ人ですが、両親がイギリス人です。第一次大戦中は、イギリスの諜報機関主任がハウス大佐の家でアメリカ政府の機密書類を読むことを「許されていた」ともいいます（前掲『ウッドロー・ウィルソン』一八八頁）。

この当時、イギリスはハーバート・ヘンリー・アスキス内閣です。内政はともかく、外交が非常に苦手な人で、この内閣のグレイ外相は、大英帝国史上おそらく最低レベルの外務大臣です。

もちろん大戦中の話ですが、ロシアの国内情勢が怪しくなってきた時、日本の外交官に七年戦争の故事を引いて「何が何でもロシアを支えなければ」と説教されるレベルです。七年戦争当時のロシアは、帝室の代替わりにともなって当時戦っていたプロイセンと単独講和してしまったことがあったのです。グレイは「七年戦争当時のロシアは専制国家だったが、今は議会があるから勝手に戦争をやめることはできない」などと訳のわからないことを言って、忠告を無視しました。ちなみに、その説教をした外交官というのは、石井菊次郎駐仏大使です。

そのグレイすら、アメリカ大統領が派遣した個人使節になど、言質は取らせません。一方、ウィルソンはハウスを派遣したことなどすっかり忘れているかのごとく、一九一四年八月四日、アメリカの中立を宣言します。この時点での中立宣言は、常識的な判断に着地していると言えるでしょう。ただし、その判断に至る途中経過は怪しいものですが。

ドイツが中立国のベルギーを侵攻したと聞いたウィルソンは、ドイツを「野獣」呼ばわりしだします。イギリスが言う「ドイツによるベルギー人大虐殺」というプロパガンダを信じて、腹を立ててしまいました。

ちょうどこの頃、ウィルソンは個人的にも悲劇に見舞われます。中立宣言をした直後の八月六日、ずっと心の支えだった妻エレンが病気で他界しました。ウィルソンは強い抑鬱状態に陥り、なかなか抜け出せなくなります。

ウィルソン外交は、さらなる迷走を始めます。戦争当事国の神経をこれでもかと逆撫でしていきました。

まず日本です。日本は八月十五日、ドイツに最後通牒を送ります。要求項目は、ドイツ艦艇が日本海および東シナ海から即時退去、あるいは武装解除することと、ドイツが山東半島に持っている膠州湾租借地を中国に返還する目的で、ひと月のうちに無条件で日本に引き渡すことの二点です。イギリスは、日本がドイツの権益以外に手を出さないように釘を刺してきます。アメリカはと言えば、十九日には膠州湾の中国への返還と中国の領土保全を申し入れて来ます（前掲『帝国主義の開幕』）。日本の対独宣戦布告は二十三日です。まだ戦争を始めてもいないのに、これです。

ウィルソンはなぜか日本を嫌い抜き、中国には肩入れします。日本史の史料だけを見て外交史家が「なぜ日本外交は失敗したのか」と批判するのが先行研究の大半なのですが、ではどうすれば良かったのか。中国大陸は革命後の混乱状態なので放置すれば良かった訳ですし、ウィルソンが何を言ってこようが日本に嫌がらせ以上の何もできません。これまた放置すれば良いのです。実際に、この時期の日本は致命的な失敗はしていません。もちろん、政策決定過程でドタバタはあるのですが、それにしてもウィルソンに関しては一切の悪口を言わず、当時の大隈重信首相や加藤高明外相だけを批判するのは、公平を欠くし非実証的でしょう。

当時のヨーロッパは見込み違いで長期戦に至って疲弊しています。そしてアメリカは、ウィルソンが大統領です。いくら大隈や加藤の失敗をあげつらっても、欧米の指導者の誰よりも失敗していないのは確かなのです。

ヨーロッパ戦線では、九月五日から始まったマルヌ川の会戦でドイツが当初のフランス軍撃破という目的が果たせず、戦線が膠着します。その膠着ぶりは、お互いに塹壕を掘って相手を包囲しようとしたら、延々と並行して掘り進んだ挙句の果てに、北海に出てしまったぐらいです。

そんな状態なので、必要な弾薬も開戦前の想定を超えてどんどん増え、各国で生産が追い付かなくなります。この物資不足を補ったのがアメリカからの輸出です。アメリカは、開戦からわずか半年あまりの間に膨大な貿易黒字を積み上げ、ヨーロッパ向けの輸出は鉄鋼を中心に大きく伸びました。一九一四年からの三年間で、増加率は三百％にもなります（前掲『現代アメリカ外交序説』）。口できれいごとを言いながら、死の商人として大儲けします。

ウィルソンは交戦当事国への資金貸付けは禁じたものの、貿易自体はむしろ振興しました。アメリカ企業が保有する商船の少なさによって、稼ぎが減ることを気にしていたぐらいです。当初は弾薬も含め、交戦国のドイツ、イギリス双方に輸出して荒稼ぎしました。

一九一四年十二月には、アメリカの綿花船が拿捕され、ウィルソンがロンドンへ抗議文を送っています。ここだけ見るとウィルソンが普通に仕事をしているだけのように見えますが、そもそも中立国を名乗りながら戦争当事国にモノを売りつけてボロ儲けしているのですから、交戦当事国に拿捕《だほ》されるくらいのリスクは考慮すべきです。

陸戦の長期化が見えてきた頃、海はどうかというと、イギリスが得意技の通商破壊をやっています。敵国の通商を破壊して体力を奪い、叩きのめすのです。ドイツが海軍を作るのだと頑張っていたら、いきなりやって来て港を焼き払うのがロイヤルネイビーです。

ちなみに、十六世紀に「海賊」と呼ばれたフランシス・ドレイク提督は、「我が国の防衛線は、我が国の海岸線ではない。敵国の海岸線である」との名言を残しています。現代の日本人が甘んじている専守防衛と真逆の思想ですが、自らハンディキャップを背負う専守防衛の思想の方が異常です。敵が軍艦を浮かべたら焼きに行くから制海権を維持できるし、敵に武器を与える補給や通商も止められるという考え方なのです。もちろん「敵国を敵国の港に封じ込めよ」は、ドイツ相手にも適用します。

ドイツが南側から海に出ようとしても、地中海から出られません。イギリスが押さえているジブラルタル海峡とスエズ運河に挟まれているからです。そこでドイツが考えたのが潜水艦です。敵から見えなければ動けるではないか、と。この頃の初期の潜水艦は「可潜艦」と呼ばれます。今の潜水艦と違って、潜ったままではいられず、定期的に浮上しなければなりません。いわば、潜ることが可能な軍艦だから、可潜艦です。レーダーが実用化されるのは、第二次世界大戦中ですから、この当時はそれで十分だったのです。

イギリスが通商破壊をし、ドイツが潜水艦で商船を攻撃して対抗するので、イギリスも民間商船を艦隊で守る護送船団方式を編み出します。すると、陸だけでなく海でも戦況は膠着することとなりました。

一九一五年初頭、ドイツは潜水艦での通商破壊を宣言して攻撃を始めます。イギリスの小型定期船ファラバ号が撃沈され、アメリカ人にも一人、犠牲者が出ます。ウィルソン政権は、ブライアン国務長官の次の見解を採用します。

「イギリスの海上封鎖を黙認したのだから、ドイツの潜水艦封鎖も黙認すべきで、イギリスよりもドイツにより苛酷な原則を押し付けるのは不公平である」（前掲『ウッドロー・ウィルソン伝』九三頁）

当事者のドイツは撃沈に先立つ二月四日、潜水艦作戦の宣言とともに、アメリカに対しても、「中立国と交戦国の船舶を見分けることができない」と警告を送っています。

実は、これはドイツが正解です。中立国の人間は、殺されたくなければ疑われるような行動は取るな、というのが国際法での解釈です。ファラバ号撃沈事件は、ドイツによる警告の後に起こった事件なので、これは民間人を退避させなかったアメリカ政府に非があります。ただ外交問題上、アメリカを敵に回したくないドイツは、とりあえず謝罪します。

イギリスは、ドイツの潜水艦作戦宣言を受けて、全面的な海上封鎖で応じます。ドイツに向かう商船は大英帝国海軍の臨検を受け、ドイツに軍需物資・原材料を運べなくなります。ドイツの潜水艦作戦をかいくぐってイギリスに物資を運ぶ商船は、アメリカ国旗を掲げて中立国を装うなど自己防衛も行われていたのですが、アメリカはイギリスに対して、国旗の誤用だと厳しく抗議します。イギリスの国際法違反です。

戦争の時に、中立でいるのは大変です。国際法において、「中立」とは両方の味方ではありません。両方の敵です。その実力が無いと、中立国とは認められません。

開戦初頭、永世中立国を宣言していたはずのベルギーがドイツに踏みつぶされました。ドイツとしたら、独仏国境は要塞化されているので手ごわいけれど、ドイツとベルギー、さらにその先のフランスとの国境は守りが弱いので攻めるに適していると考えたのです。哀れ、ベルギーは蹂躙されました。中立は、自分の身を自分で守りつつ、交戦国双方の要求を排除する実力がある国にだけ認められる特権なのです。

アメリカは十九世紀末以来、英独が配慮するだけの地域大国である歴史は既にお話ししました。軍事力は弱小ですが英独に匹敵する経済大国です。経済大国ということは、潜在的軍事大国です。大戦中に英独ともに好き好んでアメリカを敵に回す気はありませんから、アメリカは中立でいられます。

そのアメリカの、ウィルソン大統領にとって最大の関心は内政問題であり、ハイチいじめであり、メキシコ動乱への対処です。

大戦中の日本が中華民国に対華二十一カ条要求を突き付けて、「火事場泥棒」呼ばわりされましたが、とんでもない。あれは「約束を守れ！」と要求した十四カ条に、控えめな希望を七カ条つけただけです。

ヨーロッパが関われないのをいいことに、メキシコ動乱に介入しカリブ諸国を侵略、南北アメリカ大陸に覇権を確立したウィルソンこそ、「火事場泥棒」にふさわしい。

ちなみに、第二次大戦で最大の火事場泥棒はスターリンですが、バルト三国とか日本の北方領土で意外と奪った領域は意外と狭いのです。

ウィルソンは、「アメリカが公正な国家経営を指導するのだ」と明言して、中南米への出兵や国政への干渉を正当化しました。つまり、南北アメリカ大陸を庭のように扱います。

そして、ウィルソンはこの考えを世界規模に広げることとなります。

よく宣教師外交と言われますが、甘いです。ウィルソンは自分のことを宣教師などではなくキリストだと思っているのですから。ヨーロッパが悲惨なことになっているなら、ここは私の出番だと思い始めるのです。

無理難題だけを突きつける調停工作

イギリスとドイツは、生きるか死ぬかの殺し合いを続けています。

まさに戦争の真っただ中でウィルソンが行ったのは、ドイツに警告書を送付しつつ、英独協定の提案です。潜水艦による攻撃の停止と引き換えに、食糧や物資の輸入を認める協定を結べというのです（前掲『ウッドロー・ウィルソン』八一頁）。つまり、当時の二大大国に「戦争をやめろ！」と書き送ったのです。当然、そんな協定はイギリスが認めません。

現代の日本の近辺で継続中の戦争と言えば、朝鮮戦争です。一九九〇年代末から二〇〇〇年初頭にかけて、韓国の金大中大統領が北朝鮮との緊張緩和のため、人道支援や経済協力を行う太陽政策を取りましたが、一応は停戦が結ばれてのことです。朝鮮戦争は継続中の建前でも、実際の戦闘は停止しています。それをウィルソンは、英独が実際に殺し合いをやっている真っ最中に、こんな提案をしたのです。これでは金大中の太陽政策が、まるで真人間のように見えてしまいます。

ドイツの潜水艦による攻撃でアメリカの民間人に犠牲が出た時、国際法の専門家で政府の法律顧問だったロバート・ランシングは「国際道義の目に余る違反」として、政府にアメリカ国民の権利擁護を迫りました。アメリカ人が一人死んだということは、国の総力を挙げて守るべきだと政府に詰め寄ります。しかし、ウィルソンは無視します。忘れてはいけません。この時のウィルソンの精神状態は、愛妻を亡くして錯乱状態なのです。

そうこうするうちに五月七日、ルシタニア号事件が起こります。イギリスの豪華客船ルシタニア号がアイルランド沖で撃沈されました。犠牲者は千百九十八名、うち百二十八名がアメリカ人です。客船のため女性や子供の犠牲も多く、さすがに世論が騒ぎ出します。最近になって、ただの客船ではなくて武器弾薬を本当に積んでいたのだとも言われますが、その時にわかっていないと、あまり意味がありません。

さて、世論が騒ぐのでウィルソンも対処せざるを得なくなりました。五月十日、フィラデルフィアで演説したウィルソンは、かくして**「模範としてのアメリカは特別でなければならない！」**とアメリカの道義的な素晴らしさを絶叫します。この事件でアメリカ国民の反独感情が沸き上がりますが、アメリカがヨーロッパの戦争に参戦することは反対する世論も強かったため、ウィルソンは積極的に平和の模範となることを説いて**「人には、誇りが高くて戦えない場合がある」**などと言い出します。

では何をしたのかというと、急に国際法を訴えてドイツに抗議の書簡を送ったのと、交戦国に対する貸付禁止の解除です。

一九一五年の年頭から、またもやハウス大佐がヨーロッパに出張しているので、ウィルソンはいちいち対処の助言を求めています。ハウスはロンドンから電報を返し、ドイツに再発防止の保障を要求することや、アメリカ政府が市民の安全を確保するために必要な手段を取ると警告することを助言しました。ウィルソンは五月から七月にかけて、三回にわたる抗議と警告の書簡をドイツ政府に送ります。いわゆる「ルシタニア書簡」です。

五月に送った最初の書簡は、ドイツに対して人道の名で訴えます。キリスト教精神でドイツの所業を非難するのです。人道の名で訴えるというのは、つまり「お前は人ではない」という意味ですが、ウィルソンは気にしなかったようです。自分がキリストであることが大事なのであって、相手がどう思うかなど気にしないのです。ドイツからは、通り一遍の返事しか来ません。六月に送った二回目の書簡はあまりにも言葉が強いので、これでは戦争になりかねないとブライアン国務長官が署名を拒否して辞任します。この期に及んで「脅しは信仰に悖《もと》る」などと言い出すのですから、この人も相当です。その後任で国務長官になったのは、ランシングでした。つい数か月前には、ウィルソンはランシングの意見を無視したのですが、そんな昔の話は忘れているに決まっています。

ウィルソンの送った三回の書簡で決まったのは、「ドイツは撃沈する前に相手の船舶に乗員・乗客の避難を呼びかけるから、アメリカは潜水艦作戦を黙認する」です。アメリカを敵に回したくないドイツは、気を遣って対応します。

八月にはイギリスの商船アラビック号が撃沈され、アメリカ人二人が犠牲となります。というか、なぜそこにアメリカ人が……?

激高した世論の非難は、ドイツだけでなくアメリカ政府の無策にも向けられます。

九月になって、ようやくドイツ政府からの公式回答が届きます。返事は「定期船が逃走や抵抗をしない限りは、無警告で撃沈しない」という常識的な内容です（注：この時のドイツの指導者はヴィルヘルム二世です）。

そこで再び、ウィルソンはハウス大佐に泣き付きました。ハウスからの返事は、「ドイツから大使を召還しろ。駐米ドイツ大使も送り返せ」でした。

この頃のウィルソンは、精神状態が物理的に病気の域に入っています。妻を亡くして抑鬱状態だったうえに、ハウス大佐まで渡欧させて不在になってしまったので、急性抑鬱症が悪化しました。見かねた侍医のグレイソンが、自分の婚約者の友人を紹介します。宝石商を営む未亡人、エディス・ボーリング・ガルト夫人です。世界大戦でヨーロッパが殺し合いをしている間に、ウィルソンはたちまち恋に落ちます。抑鬱の底から一気に幸せいっぱいになっています。ヨーロッパの大戦が自分の恋路を邪魔するのを疎ましく思うぐらいです。戦争に関する事柄を考えるのは、ハウス大佐に丸投げです。

ところがルシタニア号事件で自身が局外者の立場でいられなくなったと、不安な気持ちに追い込まれます。感情の起伏が激しすぎて、書いているこちらの側の頭が混乱します。

ハウス大佐の渡欧は、駐米ドイツ大使のベルンストルフ伯の勧めです。ベルリンへ渡って、ドイツ政府と直談判してはどうかという提案です。ファラバ号事件、ルシタニア号事件でドイツも中立国のアメリカには、それなりに気を遣って対処しています。ルシタニア書簡を受けて、ヴィルヘルム二世はすべての潜水艦に対して、大型定期船は見逃すように命じていたといいます（前掲『ウッドロー・ウィルソン伝』九十五頁）。さらに、アメリカ現地にいるベルンストルフは、講和を模索しています。

ただ、当時のドイツ外務省は無能者の集まりです。もはや過去の栄光のビスマルクの時代はともかく、気まぐれで飽きっぽく陰謀が下手の横好きで敵を作る天才のヴィルヘルム二世の下で、どこにも統一的方針が無いまま各々が好き勝手に暴走していました。端的に言うと、フランス、ロシア、日本、イギリスを敵に回したい人たちが勝手に行動して、そのすべてを敵に回しました。こうした惨状に社会学者のマックス・ヴェーバーが怒り狂って、後に『職業としての政治』を書いたほどです。

それでもドイツは、アメリカだけは敵に回すまいと、必死でした。ただ、いかんせん、無能なドイツ外務省です。ベルンストルフも本国との根回しはできていないまま、ハウス大佐は渡欧したのです。

ヨーロッパ人から見れば、ハウス大佐は当時のアメリカ政府の中では、比較的常識人です。話が通じるからです。ハウスがイギリスの諜報部員に秘密文書を読むことを許しているのも、外交交渉の場で使える情報を相手からも得る目的があります。

ただ、ハウスが直ちに売国奴なのかというと、さに非ず。ある程度自分の国の情報を売らないと、相手も情報を売ってくれないのがスパイの世界です。取引が成立しないからです。だから、相手に何を出さないかが大事なのです。「お前にはここまで見せてやる」という関係を積み重ねて自分も情報を得る、お互いに相手が何を言っていないかを見極める、それを情勢判断や交渉で使うのです。

これは、原則そういう世界だという話ですから、ハウス大佐が優秀だったかどうかは、最後まで読んで皆さんが判断して下さい。

ついにイギリスをキレさせる

ハウス大佐は、ついにイギリスのグレイ外相との意思疎通に成功します。グレイは大戦後の秩序をどうするか、私見を述べた書簡をハウス大佐に送ってきました。アメリカが戦後の体制にどれくらい関わる気があるのかを問われ、ハウスとウィルソンは思案します。

ウィルソンはハウスとの議論の末、一九一五年十月十七日に連名でグレイに返信します。「平和をもたらすため」ならば、アメリカを参戦させるとの申し出です。

フロイト先生曰く、この時にウィルソンの頭にあったのは、この手紙によって自分が世界の審判者になれるのだということです。傍から見れば、ドイツと延々交渉してある程度折れてきているのに、いきなりその敵国に「一緒に戦います」と申し出るのです。その理由が、「今ならキリストになれるから！」です。

そう信じ込んだウィルソンは、グレイからの返信が来ても、数日ほったらかしにして未亡人との恋愛にかまけていました。「神の子は戦いに出かけ、王冠を手に入れる」という、子供の頃に父とよく歌った歌を思い出して浮かれています。そこで「何故？」と聞いてはいけません。ウィルソンは手紙を送っただけで「講和を成立させるために呼ばれるだろう」と思い込んでいたのです。二十七日になって、この件でハウス大佐がウィルソンと話し合おうとしたら、ウィルソンがグレイの返信を読んでいなくて驚いたといいます。

肝心のグレイからは、ほとんどアメリカを当てにしていない返事が戻ってきていました。散々、イギリスに喧嘩を売るような真似をしていますから、当然です。ウィルソンもハウス大佐も、「イギリス人は鈍感だ」で済ませてしまいます。このあたりから、ウィルソンは戦争目的を知ることにこだわり始めます。連合国と中欧同盟双方に、戦争目的を明らかにせよと言い続けるのです。

イギリスにしてみれば、最初からベルギーを取り返すことですし、そのために外交戦もやっているのだし、連合国間で密約だってしているのです。それをしつこく聞かれる意味がわからないでしょう。ドイツは勝たねばやられると考えているから、国境の外に進出しているのです。英独双方ともに、「ウィルソンは何を考えているのだ?」です。

そんなことで一九一五年は暮れていきます。十二月、ウィルソンはガルト夫人と再婚し、年末にハウス大佐は再びロンドンへ発ちました。グレイ外相を説得するためです。

単なるプライベートと世界大戦をやめさせることは、ウィルソンにとって同列なのです。むしろ、再婚問題の方が大事な気もしますが……。

明けて一九一六年一月、アメリカは突如として連合国に商船の武装解除を提案します（前掲『ウッドロー・ウィルソン伝』一〇〇頁）。

ドイツが潜水艦作戦をやめないのは、商船が武装しているからだという理屈です。ならば武装解除すれば、ドイツに攻撃されないと言いに行ったのです。さらに、国務長官のランシングが武装商船をアメリカの港に入れないと通告しました。すると、呼応するようにドイツ政府が武装商船に対する無警告攻撃を宣言します。これにはイギリスも黙っていません。それはそうでしょう、ドイツの回し者かと思うようなアメリカの立ち回りです。

これでイギリスが本気で怒ります。慌てたアメリカは、武装解除を強要しないと連合国へ改めて宣言することとなります。力関係を考えていないのです。ナポレオン戦争の時、イギリスを怒らせて大統領官邸を焼き打ちにされたのに、学習能力がないのでしょうか。もちろんウィルソンがそんな故事を意識するはずがありませんが。

ドイツに対しては、ルシタニア号の補償をするという書簡の不受理を通告します。完全に迷走しています。

ハウス大佐は、連合国の公式の戦争目的にもとづいて講和を結ぶ協定のもと、アメリカが参戦するという意見を持って行きます。公式の戦争目的とは、ベルギー復旧、フランスへのアルザス・ロレーヌ地方の返還、ロシアへのコンスタンティノープルの併合です。さすがのグレイも、絶対に言質を与えません。ハウス大佐とグレイ外相の間で覚書が作られますが、グレイの返答は曖昧です。「後で受け入れるかも」程度です。

ところが、ハウスはこれを「きっと受け入れる」という確信としてウィルソンに報告します。ウィルソンは大喜びです。無二の親友に最大限の労《ねぎら》いをもって、帰国したハウス大佐を迎えます。

「これから世界平和を号令する舞台がととのった」と（前掲『ウッドロー・ウィルソン』二〇六頁）。

あとはひたすら、イギリスがアメリカの参戦を承諾して、平和の使徒、世界の審判者になれると、グレイの返事を待っています。返事待ちの間の三月十五日、ウィルソンが行ったのはメキシコへの懲罰遠征隊五千名の派遣です。ヨーロッパの大戦争に参戦するかもしれない時に。

果たして、グレイからの返事は来ませんでした。三月二十四日には、ドイツの潜水艦がフランスの定期連絡線サセックス号を撃沈します。アメリカ人乗客四名が負傷しました。アメリカは、中立規定を守る気がまったくありません。

この頃には、アメリカから交戦国双方への貿易の割合は、ドイツへの運搬事情が悪化し、ほとんどが連合国側へ偏っていたためドイツも必死です。講和か継戦かと様子を見ていたら、ひたすら勝手に大統領が混乱しているアメリカに、よくドイツが我慢したものです（再び注：この時のドイツの指導者はヴィルヘルム二世です）。

ハウス大佐は、ここで強硬論を言い始めます。戦争準備と駐米ドイツ大使の送還です。これとまったく無関係に動いていたのがランシング国務長官です。商船の武装する権利を確認する声明を出します。しかし、米政府は武装を許可しないといって、更なる混乱に拍車がかかります。一体アメリカは何がしたいのか。

と、ここでウィルソンは、はたと気付きました。**「ひょっとすると、連合国がアメリカの出した条件に同意しなくても、アメリカは参戦せざるを得ないのではないか」**と。

国民から批判もされているし、ドイツの潜水艦が無差別攻撃をやめないし、連合国は言うことを聞かないし……と考えた読者の方、それは間違いです。確かにウィルソンは、後々までアメリカの掲げる理由で参戦できないことに苦しみます。だったら、参戦しなければいいのです。アメリカ伝統の中立政策を維持して国際法を守れば、アメリカは安全地帯です。戦争している国で儲けようなどとスケベ心を出すから死人が出るのです。皆さん、冷静になりましょう。

四月になると、ウィルソンはグレイからの返事が来ないので、自分で電報を書きました。早く他の連合国と相談して、すぐに行動に移して下さいと催促しました。また、アメリカが参戦すれば戦争は長引くとも言っています。普通は早く戦争を終わらせるために参戦するのですが。イギリスは電報に回答しません。よく教科書的には、イギリスがアメリカを引き込むことによって世界大戦に勝ったと言われるのですが、よくよく経緯を見ると「ややこしい奴は要らない」と思っているのです。

四月十二日には、メキシコに送った懲罰遠征軍とメキシコ正規軍の間で武力衝突が起こります。メキシコからは遠征隊の撤退を要求され、力でねじ伏せることもできません。この一事をもってしても、リンカーンの時点でヨーロッパをはね返せるとか、パーマストン時代のイギリス以外だったら誰もアメリカに勝てない式の、昔から強国のアメリカ論など大嘘です。

真面目な研究者の中嶋啓雄氏も、「アメリカがドイツとともにイギリスを追い抜き世界一の産業国家となる十九世紀末以降、帝国主義を掲げるヨーロッパ列強を南北アメリカから排除するという名目で、『北方の巨人』となったアメリカ」と表現しています（前掲『モンロー・ドクトリンとアメリカ外交の基盤』一七六頁）。

実際には、第一次世界大戦の真っ最中になっても、アメリカはメキシコといい勝負の軍事力です。それでアメリカが大国だという理屈で言えば、メキシコも世界の大国です。ありえません。むしろアメリカは、小国としての軍事力しかなかったと考えるのが自然です。海軍力だけは増強を進めていましたが、陸軍力の増強は、実はウィルソン政権の一期目に議会で難航していました。アメリカはこの時、経済力の国です。経済的には一流国で軍備が弱い、今の日本のようなものです。

さて、アメリカはドイツへ厳しい覚書を突き付けます。宣戦布告含みで、「潜水艦戦法放棄を即時宣言、実行しなければ断交するぞ！」と挑発します。すると、ドイツが譲歩してきました。ドイツは隠忍自重します（三たび注：ドイツの指導者はヴィルヘルム二世です）。

すると、グレイからも電報が来ます。ウィルソンはすっかりグレイに対して懐疑的になっていて、強硬な電報を打てとハウス大佐に命じました。その内容たるや、ウィルソンを平和の号令者として認めるか否かです。ちなみに、まだ参戦前です。

五月二十日の演説では、「われわれは、世界の諸国民の前に、助言、平和、調停、公正な判断などの神聖な模範を示している」と言ってのけます（前掲『ウッドロー・ウィルソン』二〇九頁）。超訳すると「オレはあと一歩でキリストだ」です。

そして一週間後、ウィルソンは平和強制連盟大会での演説で「歴史的孤立を放棄」と表明しました。この時の演説は「戦争を終わらせる戦争」や「平和のための戦争」で有名です。本当にそれで最後にできるのなら、戦争をしてはいけないのかという理屈があるのです。ウィルソンは、よく引き合いに出されます。確か、ナポレオンの時も言われていたような気がしますが、人類はいつになったら賢くなれるのでしょうか。むしろ逆行しているような気がしながら、この本を書き続けます。

本物の悲劇がやって来た

一九一六年は大統領選の年です。この時期のウィルソンの演説は、ドイツに怒っている国民感情を上手く戦争に動員する巧みな演説だったと解説されることもあります。たとえば、五月三十日の演説です。

「神の摂理によって、アメリカに新しい光がともされ、その自由と正義の輝きは、遠く七つの海の上を（略）光を見ようとしない国々の上を照らすであありましょう」（前掲『ウッドロー・ウィルソン』二一〇頁）

要するに「オレはキリストだ」と言っているのです。再選を見据えての演説です。選挙戦では、自らは主張しませんが、民主党の知事らが「ウィルソンは我々を戦争から守った」というキャンペーンを張ります。国民は、ウィルソンの一期目の四年間で何が行われたのか、裏のやり取りは知りません。そこで、素朴に「そうか、大統領はヨーロッパのあの悲惨な状態に我々を巻き込まなかったのだ」と思うわけです。

六月十六日、民主党の党大会では、ウィルソンが満場一致で大統領候補に指名されます。最初の指名選挙とは大違いです。この時点で、本選も再選確実です。

そのすぐ後には、メキシコ軍と米軍の間で二回目の武力衝突が起こります。この時、アメリカ軍は二十四人が捕虜とされています。相変わらず、いい勝負です。

連合国との交渉に進展はありません。ウィルソンは、ハウス宛の手紙で不満をぶつけています。この時のウィルソンのストレスを、フロイトは「救世主キリストになりたいという自分の希望の実現を邪魔しているのはドイツではなく、連合国であるのを感づき始め、連合国に対してひどく腹を立てた」と分析をしています（前掲『ウッドロー・ウィルソン』二一二頁）。繰り返しますが、まだ参戦前です。

九月になると、メキシコとの間に合同委員会が設置され、停戦交渉が始まりました。翌一九一七年一月まで続くこととなります。相変わらずメキシコといい勝負を繰り広げている分際で、ウィルソンは十月五日に次のような演説をしています。

「諸君は、けちなけんかを望んでいるのではなく、人間の権利のあらゆる問題とかかわりをもつ偉大な戦いを求めているのだ」（前掲『ウッドロー・ウィルソン』二二四頁）

「けちなけんか」がメキシコ、「偉大な戦い」が欧州大戦のことを指していると受け取れます。衣の袖から鎧、とはこのことです。思うようにならない戦争当事国の調停は、ウィルソンに連合国すらドイツと同様、神の大敵だと感じさせます。そして、平和のための聖戦を自ら率いるという誇大妄想に取り付かれています。選挙演説だけではわかりにくいですが、メキシコの戦をやめて、大きな戦へ行くぞ、としか解釈できません。大統領のスピーチは、アメリカの政治分析の対象です。ただし、ウィルソンはあまりにも常人と価値観が離れすぎていて、分析のしようがない面があります。この時点でのアメリカ人で「偉大な戦い」を欧州大戦への介入と受け取る人がいたのかどうか。ウィルソンも選挙の投票前なので、選挙に勝つために本音は隠しておきたいのが心情です。

そんな折、ドイツから通告が舞い込みます。十月十八日、アメリカが講和に乗り出さないなら、無制限潜水艦戦を再開すると言って来ました。ドイツもいい加減にしびれを切らしています。一九一六年のこの時点まで、ウィルソンはどちらかと言うと連合国に対して敵対的でドイツ寄りなので、「やる気あるのか？」と聞かれます。

その後の人類の不幸は、ヴィルヘルム二世がウィルソンに頼ったことです。ウィルソンは、連合国の戦争目的が把握できないまま乗り込んでいきますし、自分の言うことを聞かないで行う戦争は邪悪だと認識しています。平和のための戦争でなければイヤだと考えているのです。ベルギー回復ぐらいではダメです。古今東西、戦争が狂気の所業となるのは、戦争目的を忘れた時です。

一九一六年十一月七日、ウィルソンは大統領に再選されます。西部諸州で戦争に反対している浮動票が集まりました。気の毒なことです。

この選挙期間中、ウィルソンは選挙運動にはさっぱり無関心でした。ハウス大佐も一所懸命運動しているのですが、ウィルソンは電話もかけないし指示も寄越さないし、助言もないとハウス大佐のボヤキが残されています。それでも、ウィルソンにとって、ハウス大佐は信用できる僅かな人たちの一人でした。他には夫人と侍医のグレイソンだけです。国務長官のランシングは軽蔑し、秘書は信用できずに解任しようとしたら泣かれて留任しました。この本の中では、ほのぼのとした話題です。

再選後も欧州大戦への対応が続きますが、ここでハウス大佐と意見が食い違うことになります。ウィルソンがイギリスの意見は置いておいて、速やかに停戦を要求する考えに傾いたからです。ドイツの潜水艦作戦を止める名目です。ハウス大佐は、次の動きがあるまで静観すべしと考えました。夜遅くまで話し合った挙句、ウィルソンは講和のアピールを決めます。一九一六年十二月十二日、ドイツ政府が講和会議に出席する用意があると声明を発表します。ウィルソンは、決裂する前に仲裁をすべきだと決意を固めます。第一次大戦は、開戦から三年目に入っていました。

ドイツ政府は、膠着したままジリ貧になっていくので、アメリカが頼りです。ウィルソンはランシング国務長官の署名を得て、すべての交戦国へ戦争目的の表明を訴えます。ベルンストルフ駐米ドイツ大使がハウス大佐を訪ね、ドイツ政府がウィルソンの意にかなう条件を提示するだろうと言って来ます。ウィルソンは、ドイツの言い分が理にかなっているなら、連合国を強制して受諾させるつもりでした。一体どうやって？

この時点では、アメリカの国軍としての動員体制は整っていません。そもそも、ウィルソン本人が**「率いるのが聖戦でなければ、戦争に加わらない」**という考えです（前掲『ウッドロー・ウィルソン』二一七頁）。どちらの陣営で参戦するのかも怪しいのです。

ウィルソンの考えとは関係なく、英米の財界は繋がっています。そこにドイツや日本も加わっています。アメリカ独立戦争以来、英米は敵国ですが、経済界は別です。今の中国と台湾が国としてはいがみ合いながら、経済界がつながっているのと似ています。言葉も同じですし、元は親戚なのです。政治が対立している時こそ、商人のネットワークは重要となりますから、財界人どうしが結びつくのは自然なのです。ドイツとイギリスの経済的な結びつきもお話ししましたし、新興大国の日本の財閥も英米財界と密接です。日露戦争の際に英米の財界から支援を受けた話は有名です。

大戦中に英米の財界は急速に近づきます。こういうのは、外交文書を眺めていると、よくわかります。イギリスのは「ＤＢＦＰ（Documents on British Foreign Policy）」、アメリカのは「ＦＲＵＳ（Foreign Relations of the United States）」と言います。だから、常識で考えれば、アメリカが参戦するとしたら、連合国陣営しかあり得ないのです。

ところが、ウィルソンに任せておくと、アメリカがいきなりドイツ側に立って参戦もあり得る振る舞いです。その可能性を少なくともドイツは信じました。逆にイギリス側は、アメリカの振る舞いに堪忍袋の緒が切れかかっています。ウィルソンは、イギリスとドイツの反応から、むしろドイツ側のベルンストルフ駐米大使に好意を持ちました。むしろランシングが自分の目的に共鳴しないので、自国の国務長官に敵意を持つほどです。

年が明けて一九一七年一月早々、ハウス大佐から戦争準備を勧められ、ウィルソンは「戦争はないだろう」という展望を述べています。ドイツが自分の言うことを聞くだろうと、思い込んだのです。ウィルソンは、別に平和にしたいわけでも、戦争をしたいわけでもないのです。ただキリストになりたいだけです。平和も戦争も自分がキリストになる手段にすぎないのです。

この段階であれば、ドイツ側に立っての和平もできました。はっきり言って、「ベルギーを返せ」で終了です。

ところが、ここから状況が急変します。ドイツのアルトゥール・ツィンメルマン外務大臣が二股外交をやったのです。天秤にかけたのは、よりにもよってメキシコです。

一九一七年一月十六日、ツィンメルマン外相はベルンストルフを介して、在墨ドイツ公使エックハルト宛に一通の電報をメキシコに送りました。イギリス海軍が入手して暗号を解読した内容は、「アメリカが参戦した場合には、戦後テキサス、ニューメキシコ、アリゾナの失地回復を約束するという条件で、ドイツと軍事同盟を結んでアメリカを攻撃することをメキシコ政府に提案せよ」というものです（秦郁彦『太平洋国際関係史』福村出版、一九七二年）。

これが決定的な悲劇を招きます。

ウィルソンはこの時、ベルンストルフからの返事を待ちわびていました。いつものごとく、必ず自分の思った通りの返事が来ると信じています。十九日には、ベルンストルフからの回答を勝手に予測し、イギリス宛の電報文面を予《あらかじ》め作成しておくように指示を出しています。ちなみにイギリスは内閣が代わって、ロイド・ジョージ首相とアーサー・バルフォア外相に交代していました。

一方、同じ十九日にベルンストルフは、本国から二月一日をもって無差別潜水艦戦再開の通告を受け取りました。この頃のドイツ政府は軍参謀次長だったルーデンドルフが独裁をしていた時期でした。参謀次長が国家の全権を握り、総理大臣を平気で首を挿《す》げ替える。アメリカとの交渉だけを見ていれば涙ぐましい我慢を繰り返している可哀そうな国ですが、相当におかしな国です。

この流れの中で行われたのが、一月二十二日、アメリカ上院での有名な「勝利なき平和」演説でした。まず何よりも戦争を終わらせることが大事だといって、合衆国はヨーロッパの戦争に参加するのではなく、「モンロー大統領の主義を、世界の原則として採用すること」を提案するとしました。勝者の条件を押しつけた平和、敗者に課せられた勝者の条件という講和では長続きしないのだといって、誰もが力の均衡ではなく、権利の平等と生活の自由だけを求めて平和を築くことにみんなで同意しようとぶち上げます。

ウィルソンは一応、この時にはアメリカが連合国側で参戦することと、ドイツが無条件で和平を受け入れることが頭にあります。自らの演説の内容を気にしたのか、二十七日にはメキシコから遠征隊を撤兵しました。メキシコが勝ったと言っても問題ないような結果です。メキシコは晴れて侵略者を撃退しました。メキシコは二月に新憲法を公布します。しかし、ウィルソンは気にしません。

ハウス大佐は、ドイツに対してベルギーとフランスからの完全撤退を声明するように提案しました。自分たちもメキシコから引いたから、ドイツもそうしろと言うわけです。しかし撤退だけではなく、「相互の復旧と賠償に同意する」ことも加わっているので、ドイツに対する条件をつり上げています。

第一次世界大戦は、ヨーロッパの人にとっては「家族の誰かが死んだ戦争」です。まともな賠償金が取れないのは許されません。日露戦争の時の日本も、ポーツマス条約で賠償金が取れなかったことで、日比谷焼き討ち事件になる騒動です。第一次世界大戦の戦死者はそれどころではありません。英仏ともに民主国ですから、政治家が「ドイツから賠償金を取りません」と宣言した瞬間に落選は確実、政権交代は間違いないでしょう。

だから戦争が止められないし、講和で揉めるのです。ウィルソンの和平提案を、ドイツはともかく英仏が受け入れられたのかは問題ですが、アメリカも国民はドイツの所業に怒ってはいたので、それなら中立でいればいいのです。ウィルソンが介入したがるから余計に悲惨なことになるのです。

条件をつり上げられたドイツの反応も、分裂しています。一月三十日、ドイツから二つの回答が届きます。ひとつはハウス大佐宛で、講和条件の打診が来ました。もうひとつはランシング宛で、二月一日以降の潜水艦無差別攻撃の宣言です。ドイツは上手く使い分けているつもりです。

当のウィルソンは、自分を平和の使者だと思い込んでいます。よく本で見かける自画像には、ウィルソンの自署で「この自画像を見る人が、人類を愛する善良で誠実な男を思い浮かべますように」とあり、この頃に書かれたものだとか。ナルシシズム炸裂です。

ドイツからの返答に驚いたウィルソンは、次いで自尊心を傷つけられたと感じます。ドイツに対して「鎖につないでおかなければならない狂人」と表現しはじめます。しつこいようですが、まだ戦争ははじまっていません。ただ、二月二日、ウィルソンは議会でドイツとの

ウィルソン自画像

断交を宣言しました。

すると、二期目の大統領就任直前の三月一日、イギリスがツィンメルマン電報を公表します。見計らったようなタイミングです。事前にウィルソンにも通報されていたようですが、通報がいつなのか、ウィルソンが認識していたのかはわかりません。ツィンメルマン電報には、日本も連合国側から寝返らせようという内容があったとして、日本でも報道されました（「独逸日独墨同盟計画」『東京朝日新聞』、一九一七年三月八日）。

日本にドイツびいきが多いからと言って、なぜ今日までの盟友のイギリスやロシアを裏切って、ドイツやメキシコと組まねばならないのか。ドイツの外交は正気とは思えませんが、そのドイツを振り回すウィルソンは上をいっています。

三月五日の二期目の大統領就任式が終わって二週間足らずの間に、ドイツはアメリカの商船三隻を撃沈しました。アメリカは戦時体制を整えていくこととなりますが、物資の統制が思うようにできず、管掌官庁は再編に次ぐ再編です。その間にも、ウィルソンは不眠や神経過敏、頭痛、消化不良と持病が悪化していきます。

そのような中、四月一日にウィルソンはドイツに対する宣戦布告書を書きます。議会に対する演説では聖戦を唱え、本心では「こんな形で参戦したかったのではない！」と恐怖します。議会に宣戦教書を発表した後の閣議では、すすり泣いたといいます。フロイトは、父の承認のない決断だったため、それで良かったのか確信を持てなかったからだとしています。宣戦布告をして急に怖くなり、子供のように怯え始めたのです。負ける戦いではないはずですが……。

連合国としては渡りに船です。議会承認を受けて、アメリカが四月七日に対独宣戦すると、その月のうちにイギリスからバルフォア外相がやって来ます。アメリカから兵站供給の約束を取り付け、ついでに連合国の秘密条約の存在を告げて帰りますが、その内容を知らせて来ることはありませんでした。大事な話は、ウィルソンには教えられないという判断です。

ちなみに、世界史教科書はアメリカの参戦のきっかけがルシタニア号事件だったと書いています。全然違います。商船撃沈による民間人犠牲者が出たことは、ドイツもずっと謝りっぱなしです。ここまで流れを見て来たとおり、アメリカ参戦を導いたのはツィンメルマン電報事件です。

いざ参戦となりました。ウィルソンのリーダーシップはゼロです。むしろマイナスです。アメリカは陸軍力が貧弱なので、徴兵制を導入します。陸軍省・海軍省・鉄鋼会社を管理下に置くための軍需基準局は機能せず、軍需産業局に改組されます。防諜法を制定して戦争に対応すべく動いていきますが、ウィルソンと関係のないところで動いていきます。外交の窓口も、ウィルソンは話が通じないので、ハウス大佐が一手に担います。

一九一七年もそろそろ終盤の十一月、ハウス審議会が設置されました。ハウス大佐の知り合いの学者を集めた諮問会議のようなものです。後に講和会議のためのシンクタンク、インクワイアリの前身となります。翌年の年頭に出される十四カ条宣言も、原案を彼らが作りました。端的に言えば、大統領のオモチャです。もっとマシなものを作ればいいのに、ウィルソンの満足のために、ウィルソンの個人的なお抱え顧問が作った組織なので、ロクなものが生まれないのです。

アメリカの参戦を受けて、世界はへとへとながら、まだ戦争を続けます。一九一七年を境に参戦国も増え、前出の中山治一教授は、この年を欧州戦争から世界戦争になったとしています。戦争が終わる頃には、交戦国の数は二十七か国となります。ドイツを中心とする同盟が四か国、対する連合国側はこの時点で二十三か国です。

第4章

十四カ条の平和原則——かくして人類は地獄に突き落とされた

最強の大日本帝国が世界大戦にさせなかった

ここまで読んだ方々は、もしかしたらゲンナリしているかもしれません。しかし、ウィルソンが全世界を不幸にするのは、これからが本番です。

ところで、二つの世界大戦は人類史の中で最も悲惨な戦争です。死んだ人の数だけで悲惨さを語るのも如何なものかと思いますが、とにもかくにも桁違いの大量破壊となりました。では、なぜそうなったのか。二つの世界大戦が総力戦だったからです。

【通説】総力戦とは、自らの総力を出し切る戦争のことである。

日本では大正から令和に至るまで、少数の例外を除いて、こうした見解が多数派です。しかし、これが正しい定義なら、ルイ十四世だって総力戦をやっています。フランスなんて破産して革命が起きるまで戦争をやり続けました。

日本人の多数は「総動員体制」を総力戦だと勘違いしているのです。英訳すると、違いが明確です。総動員体制は「Total mobilization system」で、総力戦は「Total War」です。全然違います。と書いててなんですが、日本語でも単語は違いますが（苦笑）。

では総力戦とは何か。「大国どうしが相手の総力を潰すまで行う戦争」のことです。なぜそうなるのかを説明すると一冊の本になるので、小著『ウェストファリア体制――天才グロティウスに学ぶ「人殺し」と平和の法』（ＰＨＰ新書、二〇一九年）をどうぞ。要点は、総力を潰されないことが大国の条件だったのに、種々の社会状況の変化（たとえば大量破壊兵器の登場）により、大国であっても総力を潰される可能性が生じたこと。そして、実際に大国のすべてが総力を挙げて戦い合うと、相手の総力を潰すまで終わらなくなったのが、二つの世界大戦なのです。

そして、ウッドロー・ウィルソンこそ、総力戦の申し子なのです。第二次大戦における、ヒトラー、スターリン、毛沢東、Ｆ・ルーズベルトなどは、すべてウィルソンの尻尾にすぎません。

第一次大戦は総力戦になりました。敗戦国のドイツ、オーストリアは大国でありながら総力を破壊されました。さらに、トルコも総力を破壊されます。なおも悲惨なのは、戦勝国の側にいたはずのロシアも、ドイツとの戦いに耐えかねて自滅し、総力を破壊されました。しかし、それはヨーロッパの中に封じ込められました。第一次大戦は欧州大戦としては悲惨な総力戦と化しましたが、世界大戦にはなりませんでした。

何度でも強調します。なぜ、第一次欧州大戦が第一次世界大戦にならなかったのか。大日本帝国が強かったからです。世界最強の大日本帝国が、欧州大戦を世界大戦にさせなかったからです。

我々日本人は、この事実を全世界に誇って良いでしょう。そして、この歴史を認識していない自分たちを、恥じるべきでしょう。

第一次大戦の最中、日本は何をしていたか。長引く大戦でヨーロッパが疲弊する中、連合国の一員として参戦した大日本帝国は、アジアと太平洋からドイツ軍を叩き出し、カナダから地中海までの平和を守ります。

一九一四年八月二十三日、ドイツに宣戦を布告すると日本軍は山東半島へ出兵します。目的は膠州湾岸にあるドイツの租借地です。日本の海外領だった朝鮮半島とは、黄海を挟んだ対岸にあたります。ここにドイツの要塞があり、開戦当時には五千人近い守備兵が置かれていました。日英同盟の誼《よしみ》で参戦すると、イギリスの敵国であるドイツは、日本の敵国となります。ついでに言うと、その場にいたオーストリア海軍とも交戦状態となります。日本はオーストリアに何の恨みもありませんが、敵の味方は敵です。

日本軍は三万人弱の兵力を送り、九月二日に上陸するとドイツが経営する山東鉄道を占領します。次いで青島を囲むと、七日ほどで青島要塞を落とし、軍を駐留させました。かかった期間は全部で二か月半ほどです。瞬く間に終わってしまいました。

世界最強を誇るドイツ陸軍も、大日本帝国にかかれば瞬殺です。もちろん、ドイツの主力がいる訳でもないのですが、東洋の地で日本に喧嘩を売って勝てる国は、存在しませんでした。唯一ありうるとしたら、ロシアが日本を裏切った時だけでしょうが、そのロシアは日露協商で事実上の同盟国です。そもそも、この頃のロシアは、ドイツとの戦いで疲弊しきりです。

苦戦する英仏露をしり目に、日本は大戦景気に沸きます。当時の日本人にとって、欧州大戦は他人事です。

イギリスはドイツの勢力を少しでも削りたいから日本の助力が欲しいけれども、ドイツを駆逐して日本の勢力が東洋で伸びるのを嫌がり、参戦要請を逡巡していました。そして自身は青島攻略戦に申し訳程度の参戦をしましたが、敵国のドイツ軍が寡兵ながら健闘したのに比し、日本軍から足手まとい扱いされてしまいました。さらに虫のいいことに、ヨーロッパ戦線への参戦まで要請してきます。完全に、切羽詰まっていました。決して致命的ではないのですが、日英の間に感情の齟齬《そご》が生じたのは事実です。

一九一七年二月、ドイツが無制限潜水艦戦を改めて宣言します。連合国側船舶の被害は甚大で、地中海のスエズ近海が遮断されそうになる危機に陥りました。一九一四年から一九一六年までに沈められた連合国の船舶は、既に五百万トンに届く勢いです。

こうした状況をさすがに日本も看過できず、帝国海軍を派遣します。八隻の駆逐艦からなる、第二特務艦隊です。イギリスは「山東半島と赤道以北のドイツ領諸島は、戦後の講和会議になったら日本がどうするか決めてよい」と恩着せがましく申し出てきました。別にイギリスに言われるまでもなく、日本が自力でドイツから奪い取ったのですが。

作戦中、駆逐艦榊がドイツの潜水艦に攻撃され、日本も五十九人の戦死者を出しています。さすがの連合国も感謝しない訳にはいきません。

石井菊次郎が日本を世界の大国にした

こうして客観的事実だけ並べると、最強の日本が同盟国の虫の良い要求にも応え、命懸けで勝利に貢献しています。その割には、大戦後の発言力は、大きかったようには思えません。

なぜでしょうか。

日本政府の内情が、グダグダだったからです。

一九一四（大正三）年四月十六日、第二次大隈内閣が成立します。この頃の政局は不安定で、山県有朋ら元老を頂点とする藩閥官僚と衆議院第一党の立憲政友会（原敬総裁）が激しく対立していました。元老の一人である井上馨は、この状況を打開しようと、第二党立憲同志会（加藤高明総裁）と関係が深い大隈重信を首班に立て、政友会に対抗しようとしたのです。大隈は同志会を与党に組閣します。

その直後の六月二十八日がサラエボ事件、八月一日にドイツがロシアに宣戦布告してからは立て続けに各国が戦闘に入ります。

ところが、山県は戦争指導をめぐり大隈内閣加藤外相と険悪な仲になり、昨日までの政敵だった原に誼《よしみ》を通じる始末です。来るべき総選挙で政友会の勢力を削った後に倒閣運動をするからそれまでの我慢……という権力闘争しか頭にありません。大隈は鷹揚《おうよう》な人物ですが、元老の外交への容喙を排除したがる加藤は、事あるごとに山県と対立します。そんな加藤を、大隈は放置します。

山県は、半分耄碌《もうろく》して親独反英になっています。当初、イギリスもグレイ外相が日本の参戦についてて態度がハッキリしない中、元老会議が中立の声明を出そうとします。大隈は何も決められません。

こんな有様の山県と大隈を叱り飛ばしたのが、最晩年の井上馨です。井上はすでに病身で、今で言うなら車椅子の老人のような状況ながら、山県に対して唯一物を言える人物でした。「今回欧州の大禍乱は、日本国運の発展に対する大正新時代の天祐にして、日本国は直ちに挙国一致の団結を以て、此天祐を享受せざるべからず」から始まる全九項目の意見は、「天佑書簡」として有名です（井上馨侯伝記編纂会編『世外井上公伝　第五巻』内外書籍、一九三四年）。井上は「外交方針をきちんと立てて大局に当たれ、東洋の大国になるのだ！」と叱咤したのです。

山県有朋や故伊藤博文の兄貴分として、幕末以来の修羅場を潜り抜けてきた井上は、世界の中で大国として日本が生き残る為に何をすればよいかをわかっていました。井上はあまりに怖い人物で人が寄り付かず派閥が無く、遂に首相になることはありませんでしたが、見識は立派でした。

こんな状況でドイツを東洋から完全駆逐したのが、当時の大日本帝国なのです。あまりにも強い国だったので、指導者がデタラメでも、行政のルーティンワークで勝ってしまうのです。上は無能でも、下は優秀です。

そして日本は全体がダメな時でも、どこかに人材がいます。現場で大日本帝国の外交を支えていたのが、石井菊次郎です。サラエボ事件が起こった時には、石井は駐仏大使としてヨーロッパ情勢をよく把握していて、七月末には欧州大戦の進展を予見して本国へ報告します。ロシアを支えることが肝要だと説き、フランスで英仏露日の四国同盟を働きかけました。

ところが連合国の中心であるイギリス外交が右往左往する有様ですから、四国同盟として日本が欧州大戦に積極関与するのを元老会議も閣議も望みません。一九一四年九月五日、英仏露三国は単独不講和を宣言したロンドン宣言に調印します。「最後まで一緒に戦うぞ」との宣言です。石井はこれに加入するよう当初から主張しましたが、外相の加藤が聞く耳を持たない以上、そこで話は止まります。加藤は日英同盟を利用して東洋の権益を効率的にさらえば良いとの考えでした。どちらかと言えば加藤が骨の髄まで親英派でしたが、姑息な対外政策を行います。

逆に石井はリアリストで、同盟国といえども相手に心を許さない人物だったが故に、同盟の証として血を捧げ、大戦後の外交に生かすべきだと考えたのです。すなわち、日本がアジアの大国から世界の大国になるには、一緒に最後まで戦うべきだと主張したのです。もし筆頭元老の山県も頭が上がらない井上が元気ならば、石井の慧眼《けいがん》が採用されたかもしれません。

そんな井上も一九一五年九月一日に死去し、識見のある元老がいなくなりました。この頃になると外務大臣の加藤高明などは、元老に外交文書を見せないことが自己目的化してしまいます。加藤は、「一に三菱の利益、二に外務省の省益、三、四がなくて、五に憲政の常道」という人物です。加藤は元老に嫌われるのを通り越して、憎悪を受けます。

そして態度が悪いだけではなく、大失態をやらかします。

加藤は袁世凱に言われるまま、対華二十一カ条を突きつけます。袁世凱に「最後通牒を突きつけられた形にしないと、自分の立場が無い」と拝み倒されてその通りにしてあげたら、世界中に「日本は火事場泥棒だ」と宣伝されたのです。内政でも、法案を通すために議員を大々的に買収したり、総選挙で警察が空前の選挙干渉と金権選挙を行ったり、それらがバレてマスコミに叩かれるなど、呆れかえるような政権運営を繰り広げていました。その中心人物は、警察官僚出身の大浦兼武内相です。

山県ら元老は、大浦と加藤を大臣から外すことを条件に、大隈にもう一年の内閣存続を許します。「大隈も大概嫌いだが、加藤はもっと嫌い」が元老の総意になってしまいました。この頃になると、山県は野党第一党に転落していた政友会総裁の原と地下水脈で通じ、いつでも倒閣の引き金を引けるように準備していました。

大正四（一九一五）年八月十日に改造内閣が成立します。外相はしばらく首相兼任でしたが、フランスから呼び戻された石井菊次郎が十月十三日に外務大臣へ就任しました。

我が国史に残る名外交官である石井菊次郎、生涯一度きり、わずか一年間の外務大臣です。その一年間で石井は必死に働きました。

石井は着任するや、十九日にロンドン宣言への日本加入を実現します。そして日本はロンドン宣言を最後まで守り、連合国を支えます。「血を同盟の証にする」です。地中海に派遣されて命懸けで戦った帝国海軍の将兵、特に戦死した五十九名の軍人たちに、連合国は感謝しない訳にはいきません。日本は得るものを得たので、いつ戦争から抜け出しても構わない状況でした。それでも一緒に最後まで命懸けで戦うという姿勢を示したのは、これ以上ないほどの外交メッセージになりました。

なお中国外交でも、石井はしくじりません。袁世凱が「皇帝になる！」と血迷った時には、英仏露と協調して共同勧告を出して潰《つぶ》します。もちろん日本、つまり石井の主導です。

地中海まで行って戦死者まで出して戦った日本軍は偉いとか、ヴェルサイユ会議において世界で最初に人種平等を訴えたとか、声高に言う人は何人もいます。前首相の安倍晋三までが国会で「新しい時代に向けた理想、未来を見据えた新しい原則として、日本は『人種平等』を掲げました。世界中に欧米の植民地が広がっていた当時、日本の提案は、各国の強い反対にさらされました。しかし、決して怯《ひる》むことはなかった」などと訴えました。

しかし、そうした論者の中で、何人が石井菊次郎の名前に言及したでしょうか。ロンドン宣言加入の意義を説いた論者が、何人いるでしょうか。

日露戦争により日本は実質的に大国となりました。地球上の誰にも媚びなくて済む、強い国になりました。その事実を全世界に認めさせたのみならず、大日本帝国を形式的にも大国として認知させたのがヴェルサイユ会議です。

ここまで読んでいただいた方は、石井が開戦初頭の駐仏大使時代から外相に就任してロンドン宣言加入に至るまで、いかなる経綸を抱いていたかが理解できたと思います。アジアの地域大国だった大日本帝国は、石井外交によって、世界に冠たる大日本帝国となりました。

日清戦争で下関条約を結ばせた陸奥宗光、日露戦争でポーツマス条約に持ち込んだ小村寿太郎を褒めそやす人は無数にいます。

　しかし、第一次世界大戦でロンドン宣言に加入した石井菊次郎を評価している外交史家など、今や皆無です。だから、日本がなぜヴェルサイユ会議に大国として呼ばれたか、理解できないのです。

　石井菊次郎こそ、陸奥・小村の金字塔に優るとも劣らぬ、日本を代表する外交家として評価されてしかるべきでしょう。

なぜウィルソンは日本にとって災厄となったのか

　さて、前章で心を病みながらドイツに宣戦布告をしたウィルソンは、連合国側なので英仏露日の味方として参戦して来ます。ところが、こと東アジアに関して、ウィルソンは中国推しです。アメリカの華僑によるロビイングによるとされています。しかし、中国人ロビイストが何をしようがしまいが、関係なく反日だったでしょう。なにせ、ウィルソンは真人間が嫌いなのです。なぜなら自分はキリストであり、自分以外に正しい存在は必要ないのですから。

　そして、ウィルソンにロビー活動をしたチャイニーズの、みすぼらしさ。その筆頭が、孫文です。

孫文は清王朝時代に貧農の家に生まれ、十三歳の時に兄を頼ってハワイへ渡り、教会学校で学びました。苦学して香港で高等教育を受け医者になったのですが、二十六歳で革命を目指すようになります。孫文の革命運動は、蜂起しては挫折して亡命、挙兵しては失敗して亡命、の繰り返しです。明治時代半ばから、アメリカやイギリス、日本とぐるぐる巡りつつ、一八九九年にはフィリピン独立運動も支援しました。

孫文のスポンサーだった宋耀如《そうようじょ》は、アメリカでメソジスト派の洗礼を受けたキリスト教徒でした。アメリカの大学を出て大陸へ帰り、上海で事業を展開して財を成すと子供たちをアメリカに留学させて教育を受けさせます。宋耀如の娘たちは「宋家三姉妹」で知られています。清朝が倒れ孫文が臨時大総統となった時、長姉の宋靄齢《そうあいれい》は秘書を務めていました。後に宋靄齢は、孔子の末裔と言われる政治家、孔祥熙の夫人となります。次女の宋慶齢は孫文と結婚し、三女の宋美齢は蔣介石に嫁いだ政商一家です。ちなみに宋耀如の長男、宋子文は、第一次世界大戦で活況のアメリカ経済から大きな影響を受け、後に財政部門の専門家として蔣介石時代に至るまで国民党政権を支えています。

この経歴だけでわかる通り、孫文は詐欺師です。もう少しマシな言い方をすると、超〜〜

怪しい政治活動家です。

一九一一年十月の辛亥革命後しばらくの間、孫文は臨時大総統の地位にありました。しかし、この男は口先だけで、何の実力もありません。後ろ盾の宋財閥の金で政治工作を行いますが、それだけです。しかも、何度も革命に失敗し、たまたま孫文がかかわっていない時に蜂起が成功したので、後からやって来た孫文が強引に「俺がトップだ」と臨時大総統なる肩書を名乗るのですが、中国最大の軍事力を持つ袁世凱が出てくると威張り散らす訳にはいかなくなったわけです。

そして孫文は、袁世凱に負けて日本に亡命していました。

ウィルソンは共和制を訴える孫文派にシンパシーを持っていて、北方で実権を握っている軍閥の袁世凱が嫌いです。ただ、それだけです。

ウィルソンが大統領に就任した一九一三年初頭は、中国大陸で孫文が袁世凱に負けて、日本へ何度目かの亡命をしてきた時期にあたります。大統領に就任するや、ウィルソンは六国借款団から脱退しますが、「借款団は中国の行政的独立を脅かす」と声明しています。

けれども、袁世凱よりも嫌いなのが大日本帝国です。ウィルソンは、孫文とは本当に仲が良かったと言われますが、日本と組むぐらいなら袁世凱を認めるという頭です。ウィルソンの頭の中は単純に「一応はアメリカ通で共和主義を掲げる孫文＞軍閥の袁世凱＞何だか生意気な日本」だったと考えれば、すべて説明がつきます。

他にも、ウィルソンが〝飼っていた〟と言われるのが李承晩です。李承晩は、ウィルソンがプリンストン大学の学長だった間に留学していました。本当に学長の覚えがめでたかったのかは、李承晩のホラ話という説もありますが、後にウィルソン主義で大韓民国ができますから、反日の源流になったのは間違いないでしょう。

日本とアメリカは、ペリー来航以来の友好国です。揉め事が起こるたび、話し合いで解決していた仲です。そんな日本のことをなぜ嫌うのか。一体、日本が何か恨まれることでもしたと言うのでしょうか。

ウィルソンは、君主制嫌いでもありました。第一次大戦では、ロシアのロマノフ朝を嚆矢に、ドイツのホーエンツォレルン王朝、オーストリアのハプスブルク王朝、トルコのオスマン朝が滅びました。イギリスのハノーヴァー朝をどう思っていたかわかりませんが、万世一系の皇室を戴く日本をウィルソンが嫌う理由は十分にあります。とにかくウィルソンは君主制が嫌いである。この一点を抜きにすると、その後の世界の歴史が理解できなくなります。

中国への六国借款団はアメリカが抜けて五国になり、第一次世界大戦が始まるとドイツが抜けて四国になります。アメリカは頑として戻って来ません。欧州も戦争で大変です。一九一六年に袁世凱が死亡すると、袁政権のもとで陸軍総長だった段祺瑞が台頭してきます。

日本の首相は寺内正毅陸軍大将に代わっていました。原敬総裁の政友会は選挙で第一党に返り咲いて、準与党の地位で支えます。寺内内閣は、経済支援の名目で列国とは別に独自借款を組んでいきます。寺内のブレーンだった西原亀三を民間から起用して交渉に当たらせたので、西原借款と呼ばれます。これには、日本の軍事行動に段祺瑞を協力させる資金も含まれ、内乱を助長すると批判を浴びます。

こうした中、首相をも凌駕する実力者である原は、対米協調を旨とします。やさしい書き方をしましたが、協調の実態は従属です。原は「対外政策では何が何でもアメリカの言いなりにならねばならない」という、信じがたい信念を抱いていました。アメリカに行った時に「こんなスゴイ国と戦争をしてはならない」との信念を抱いたからです。西原借款を原が認めたのは、「アメリカを怒らせない範囲で」です。

アメリカとは、日本人移民の排斥があったように、日本と慢性的に戦争に至らない程度の摩擦があったことは確かです。ウィルソンが大統領になって間もない頃に起こったカリフォルニアの排日事件の時には、日本国内で抗議集会が起こると聞くや、アメリカ軍は大変なことなると思って対日戦争の作戦計画をシミュレーションしたと言われるぐらいです。

後に州で排日土地法の立法を禁止する新条約締結が日本側から提案されますが、ちょうど大隈内閣が対華二十一カ条を袁世凱に突き付けた頃で、ウィルソン大統領はそれを理由に拒否します（前掲『アメリカの排日運動と日米関係』）。

日米双方で、将来日米戦争が起こるという空想小説が流行っていた時期でもありました。メキシコの激しい反米感情から、日本の駐メキシコ大使が現地で大歓迎され、親日感情が異様に盛り上がったりもしています（前掲『太平洋国際関係史』）。

そのような背景のある中で大統領自身が挑発的な言動を繰り返すので、日本でも、やっぱりこれはアメリカが日本を狙っているのではないかと思い始めます。そこで、冷静に「いやいや落ち着きましょう」と言う人は少数派です。当時から、日本のアメリカ分析は間違っているのです。当時、冷静にアメリカ分析ができる人がいなかったのは、令和の現代でも、評論家の江崎道朗氏や、国際政治アナリストの渡瀬裕哉氏のような人が極めて少数派なのと同じです。しかし、アメリカ大統領がウィルソンのような有様で、今ほど情報も多くない時代ですから、当時の日本人には同情を禁じ得ません。

ヨーロッパがバルカン半島問題で揉め始めた時、アメリカの関心事は中南米です。一方、日本の関心事は大陸の南側の揉め事です。

世の中の歴史学者の中には、一九〇五年に日露戦争が終わった後に「日露VS英米の構図になった」と言う人がいますが、そんなわけありません。別に東京大学名誉教授で、国連次席大使も務め、現在はJICA理事長の北岡伸一先生であるとは言っていません。

イギリスとロシアにとって、バルカン問題と極東のどちらが大事か。当然、火薬庫のバルカン問題です。火薬庫が火を噴きそうなのに、極東のために日本と戦争することを考えるなどあり得ません。アメリカにとって中南米が重要なのは、テディだろうがタフトだろうが、大統領が代わっても同じです。満洲など口先介入しかしていません。ウィルソンですら口先介入です。

一方、日本にとっては、極東の問題は当事者です。日露戦争が終わっても、しばらくはロシアの復讐戦が脅威でした。バルカン半島が揉め始めて関心が大陸の西側へ向かい、日露協商を結んで大陸の北側が落ち着いたと思ったら、辛亥革命で南側が揉めだしたのです。日本の立場から満洲だけを見ているると、妄想するのかも知れませんが、英米露それぞれの国にとっての優先順位を見ていれば、満洲のために大日本帝国と戦争するなどという頭のおかしい国はいないのです。

ここだけはウィルソンもそこまで狂っていないと言えるのは、さすがに日本と本気で戦争する覚悟などないからです。日頃はかっこつけていますが、ドイツに宣戦布告した後に恐怖に震えるような、所詮はチキンです。ウィルソンが何を言おうが、ハワイから西の太平洋と東アジアは、大日本帝国の庭なのです。それどころか、大戦中に日本はカナダから地中海までを闊歩しているのです。

ただ、「大国アメリカと小さな島国から成り上がった新興大国の日本」という構図は、日本人に強烈にイメージされています。そして、日本人の小国イメージを利用した人が、当時の日本国内にいました。陸軍と海軍です。

日露戦争後、相次ぐ増税で国民生活は疲弊していました。軍事費にほとんど食われてしまったのです。そこで、軍縮傾向の流れが出てきます。軍以外の省庁も、戦争のために予算を絞って我慢していたので、一斉に概算要求をしてきます。桂太郎は、こうした中で自ら大蔵大臣を兼任して、財政立て直しに邁進した総理大臣です。陸海軍は予算を削られたくないので、それぞれ理由を考えます。

陸軍は、ロシアの脅威がなくなった後も「ロシアに備えよ！」と言い続けます。実際に朝鮮統治や南満洲を取るために、お金は必要です。海軍は、英独建艦競争で軍事技術がどんどん発達していくので、放っておくと日本の軍事力が低下してしまう危機感があります。そこで、アメリカが大統領自ら挑発を繰り返しているため、実際に戦争になる可能性などなくてもアメリカの脅威を煽るのです。陸海軍が予算獲得のためのお役所作文の投げ合いをします。そして、戦争が起こらないことを前提に許されていた官僚主義と利権政治家の暴走が、いざ事が起こっても終わらなくなるのです。

第一次大戦の時は日本が大国としての力を持っていて、結果的に上手く振る舞えただけです。あくまで、結果的に。

レーニンに先を越された十四カ条

一九一七年二月、ウィルソンがドイツと断交する議会演説を行ってしばらくした頃、ロシアでは革命が起こります。

第一次世界大戦がはじまった当初、ロシアは挙国一致体制です。ところがその年のうちに、国内はガタガタになります。ロシア軍はポーランド戦線から一斉に退却し、皇帝ニコライ二世は、ロシア軍最高司令官を解任して自らその地位に就きます。これが端緒となって政治が混迷すると、民衆のデモとストライキがまたたく間に広がりました。ニコライ二世がこれを兵士に鎮圧させようとしたら、かえって軍が反乱を起こします。一九一七年二月二十三日、二月革命です。

反乱兵が民衆と一緒になって政治犯を解放するわ、反乱鎮圧に差し向けた部隊が消えていなくなるわの混乱の中、ニコライ二世は国会を休会にします。すると、アレクサンドル・ケレンスキーの画策によって非公式会議という名目でソビエト（会議）が結成され、国会臨時委員会が軍と官僚を掌握して三月には臨時政府を設置します。皇帝ニコライ二世は退位させられ、帝政は崩壊します。

ただし、革命後の政権は安定しません。

四月になり、アメリカが参戦した二日後には、帝政ロシアにお尋ね者にされスイスに亡命していたウラジーミル・レーニンと、活動家ら三十二人が亡命先から帰国の途に就きました。彼らの乗った列車は、ドイツ領内で民衆と一切の接触を禁じられて通過したため、「封印列車」の名でよく知られています。ロシアに帰国したレーニンは、議会制民主主義を否定する声明を出しました。四月テーゼです。ソビエトが全権力を掌握するソビエト共和国樹立を目指す革命をやるのだという内容です。

ただ、この段階でのレーニンは、単なる一少数派の領袖にすぎません。

こうした中の一九一七年十一月二日、寺内内閣は前外相の石井菊次郎を特派大使として、アメリカに派遣します。

対米外交でも石井は成果を挙げます。ヨーロッパの連中は、ウィルソンと個人的につながっているハウス大佐しか話のできる人間がいないと思っている中で、石井は正式な国務長官であるランシングと話をしに行きました。

セオドア・ルーズベルト政権の時に、日米が互いの権益を確認し合った高平・ルート協定は、この頃にはすっかり空文化していました。そこで石井は、日米の摩擦を抑えるため、石井・ランシング協定を結びます。これは、高平・ルート協定の再確認です。細かな内容は色々非現実的な部分もありますが、とにかく日本側の中国大陸での利権をアメリカに認めさせました。実に正しい穏当な火事場泥棒です。

我らが菊ちゃん、アメリカ政界と世界の状況を読み、日本の国益を守りました。だからこそ石井菊次郎は日本の外交史家にボロクソに言われます。そして無知な人間に無視されます。日本の外交史家というのは、国益を守った有能な外交官がなぜか嫌いです。幕末以来の国家的懸案だった不平等条約を対等なものに変えた陸奥宗光や、日英同盟の調印や日露戦争の戦時外交と講和条約調印を成功させた小村寿太郎すら、評価などしたくない連中ですから。

教科書では、「一九一七年　石井・ランシング協定」とだけ丸暗記させられ、外交史ではまるで意味が無かった内容であったかのように書かれるのが常です。それどころか、ウィルソンの尻馬に乗った議会が認めていないからと、さも何の効力も無かったかの如く記す外交史家が大半です。こうした人たちは、国際法のイロハがわかっていないのでしょう。

国際法は国内法のように「みんなが守らなければならない法律」ではありません。「相手に力によって守らせる仁義」です。紙切れに書いた国家間の約束は、ヤクザの仁義と同じく、相手に因縁をつける道具なのです。何か言われた時に、「おたくのランシングさんとこういう約束をしたのですが」と突きつける外交の道具です。何をしでかすかわからないウィルソン率いるアメリカ相手に、そういう言質を取ってきた石井を称えない外交史家こそ自虐史観として指弾されてしかるべきでしょう。

石井・ランシング協定の締結直後の一九一七年十一月七日（ロシア暦十月二十五日）、ロシアで十月革命が起こりました。レーニンの軍事クーデターです。

翌八日、レーニンはソビエト政府の名で「平和に関する布告」を発しました。レーニンが起草したこの布告は、公正・民主的な平和のため、無併合・無賠償による戦争の即時停止を交戦国の国民に向けて呼びかけました。各国政府に対しては秘密外交の廃止を呼びかけます。そこまでは良いのですが、それまで帝政ロシアが結んだ秘密条約の暴露を宣言していました。

レーニンは国際法を守る気など、さらさらありません。レーニンがやったのは、それまでの秘密条約を片っ端から暴露することです。各国で革命が起こることを期待したのです。そして「平和に関する布告」は苦し紛れの綺麗事です。不利な時に建前論を絶叫するのは、ロシア外交の常道です。まともに中身を論評しても仕方ありません。

レーニンまでの政権、ケレンスキーらの臨時政府は、ロンドン宣言を守るつもりでした。レーニンは、革命の成就には戦争が終わることが大事だと言い出して、ロンドン宣言から抜けることを画策します。勝手に敵国のドイツと交渉をはじめました。十二月三日から交渉がはじまり、暫定休戦協定を経て、翌一九一八年三月にはブレスト・リトフスク条約が結ばれることとなります。

ブレスト・リトフスク条約は、かなり譲歩した敗北宣言です。バルト地方のリトアニア全て、白ロシア（ベラルーシ）、ウクライナの大半から、南はグルジア（現ジョージア）の黒海沿岸まで、広範囲の旧領を失います。はっきり言えば、レーニンはロシアの売国奴です。実際に、この条約締結をめぐっては、ボリシェヴィキ内で激しい対立が起こりました。

この動向には、連合国も日本もかなりの警戒感を抱きました。ロシアの離脱で東部戦線が崩壊すれば、ドイツ軍が英仏の戦う西部戦線へ兵力を集中して来るからです。日本も一九一七年十二月末には、革命干渉とシベリア鉄道を押さえるための兵力算定を終えていました（前掲『シベリア出兵の史的研究』三五頁）。

アメリカではランシングが同様に出兵の必要性を認識しています。国務省はこの路線です。一方、この件でハウス大佐は別の意見を持っています。ボリシェヴィキと協調関係を築いて、投資先を拡大したいというロビイストの側に立ちます（前掲『シベリア出兵の史的研究』四六頁）。ウィルソンは両方の意見の間を右往左往しました。最終的に一九一八年一月の段階で、フランスからの派兵協力の要請を断り、日本政府の派兵に反対の警告を行います。二月にはイギリスに対しても、反対の意向を表明します。

こうした動きは普通に考えれば世界大戦の動向を左右する大事件なのですが、ウィルソンの前には風の前の塵に同じです。

そもそも、なぜ英仏が日米に出兵を要請したか。共産主義者が革命を起こしたと聞くと、英仏の教養人は即座にフランス革命を連想します。危険な破壊思想を世界中に輸出しにきます。ならば周辺諸国が協力して叩き潰すのみ。

特に、日本の役割は重大です。過激派に乗っとられたロシアを東から攻撃できる大国は日本のみです。ドイツとの死闘で疲れ切っている英仏と違い、日本は余力十分です。

しかし、日本は真の戦争目的が理解できません。英仏から「同盟国のチェコスロバキア軍がシベリアにいるのだが、助けてやってくれ」と言われて真に受けてしまいます。チェコスロバキアはハプスブルク帝国の一部ですが、独立を求めています。大戦中に露墺が戦闘し、ロシアの捕虜になってシベリアに送られていますが、連合国から見たら味方です。帝政ロシアから過激派政府に替わり、チェコスロバキアは敵中に孤立しています。

と言われても、日本は理解できません。「チェコ」と「スロバキア」が別の民族だと知らない人たちですから。

日本軍は上がアホでも現場は最強ですから、戦闘では楽勝です。過激派は逃げ回るのみです。しかし、戦闘の勝利を戦争の勝利に結びつける気がありません。ただのルーティンワークで戦っているだけです。それどころか、アメリカから「日本は領土的野心を持っていないだろうな」と横槍が入ると、対米協調の観点から、最初から兵力数を制限する有様です。

これではレーニンを潰せません。

大日本帝国が本気になって東から攻めこんでいれば、西から猛攻を加えている英仏ははるかに楽な戦いができたでしょう。共産主義者の政府を滅ぼすのも現実的です。事実、レーニンは何度も命乞いをしています。

そのたびにレーニンに助け舟を出したのがウィルソンであり、追随したのが日本です。やる気がありません。

英仏は仕方なく、ポーランド・バルト三国・フィンランドを奪ったところで引き上げます。民族悲願の独立に燃える彼らは強く、レーニンの軍隊に勝利します。レーニンも英仏の後ろ盾を持つ彼らが離れていくのを阻止する力はありません。それどころか、モスクワを守るのに必死です。

だから、英仏と日米が本気になれば、ソ連などという国が地球上に出現することはなかったのです。

では、ウィルソンは何を考えていたか?

ウィルソンにとって重要なのは、自分がキリストになれるかどうかだけです。レーニンの声明があってから、ハウス大佐と学者たちは欧州の情報を集め回り、さすがのハウス大佐もウィルソンに対して、「自分からの連絡があるまで、外交的な発言はしないように」と釘を刺しました。

そもそもアメリカ人はインディアンの土地を奪っていった時代から、相手を徹底的に叩きのめさないと気が済まない人々です。たとえば、湾岸戦争でジョージ・ブッシュ大統領は、クウェートのイラクからの解放という戦争目的を達しながら、「サダム・フセイン政権を存続させたではないか」と批判され、その年の大統領選挙で敗北しました。だから、息子のジョージ・ブッシュ二世大統領がイラク戦争を始めた時には、サダム政権の打倒は不可欠だったのです。

それまでのヨーロッパ不介入の伝統外交を史上初めて破って参戦するからには、敵国を打倒するまで戦えと訴えているのです。相手に降伏を認めないことが良いとは思えませんが、それはそれでアメリカ的には筋が通っているのです。特にウィルソンは何を目的として行動しているのかわからない人物ですから、テディのような在野の大物政治家も釘を刺しに来ます。もっともテディも、まさかウィルソンが「俺がキリストだと全世界に示すチャンスだ」と本気で考えているとは、さすがに思わなかったでしょうが。

さて、さすがのハウスに発言を差し止められているウィルソンは、「イギリスやフランスは、戦争が終わったらアメリカの経済力で言うことを聞かせればよい」と豪語する一方、十二月四日の議会演説の後には、議員たちが自分の好戦的な言辞に拍手喝采したといって、本音を吐露します。**「ぼくはこの戦争が嫌いです。（略）戦争が終ったら、ぼくがきずきあげる平和だけなんです、地上でぼくが関心をもっているのは」**と。ウィルソンはこの時、さめざめと泣いたとか（前掲『ウッドロー・ウィルソン』二三六頁）。

十二月二十二日、ハウスによる欧州の調査は、結論を出します。ヨーロッパとロシアの情勢から、改めて国際連盟の構想と、連合国の外交攻勢が進展中だとロシアに伝わるメッセージを出すことが最善とウィルソンに報告します。ウィルソンは、満足します。

年が明けて一九一八年に入ると、年頭から「勝利なき平和」の趣旨を繰り返す何らかの声明を出してほしいとヨーロッパから懇請が届き、それに応じる形となりました。

一月八日の「十四カ条の平和原則」です。レーニンに先を越されたウィルソンは、力を入れて作成しました。ウィルソンが気に入った大学教授らが集まってブレーンとして作成したものですが、相当イカレています。見出しだけ列挙します。

1. 秘密外交の廃止
2. 公海航行の自由

3. 平等な通商関係の樹立
4. 軍備の縮小
5. 植民地問題の公正な措置
6. ロシアからの撤兵とロシアの自由
7. ベルギーの主権回復
8. フランス領の回復（アルザス＝ロレーヌの返還）
9. イタリアの国境調整
10. オーストリア＝ハンガリー統治下の二重帝国の諸民族の自治
11. バルカン諸国の独立保障
12. オスマン帝国支配下の民族の自治の保障
13. ポーランドの独立
14. 国際連盟設立

ざっとまとめると、「オレが聞いていない話は認めないし、これまでの仕組みはもっと認めない。レーニンをいじめるな」です。

以下、前掲『ウェストファリア体制——天才グロティウスに学ぶ「人殺し」と平和の法』と同文を再掲します。既に前著をお読みいただいた方は、読み飛ばしてください。

この十四カ条宣言こそ、人類の災厄の根源です。現在でも、これをありがたがる変質者が後を絶たないのは、ウィルソニズムという麻薬のせいでしょう。

その中身を確認しましょう。

第一条、秘密外交の廃止。これは、「第一次世界大戦中、俺がいないときに話し合われた事項は全部否定する」との意味です。

英仏露の三国がドイツ、オーストリアに対して不単独不講和を結んでいたところ、ロシアが離脱します。そこへ、イタリアが入ります。日本は入らなくてもいいのに、政府内で石井菊次郎が強硬に主張して入りました。一次大戦後の戦後秩序を見据えてとった行動です。実際、最後まで一緒に戦ったので、ヴェルサイユ会議で大国として遇されました。当然、いろいろと密約もしています。

しかし、ウィルソンは「俺は聞いていない」と無効を宣言します。いきなり英仏日伊の、ヴェルサイユ会議で大国とされた他のすべての国に喧嘩を売っています。

第二条、公海航行の自由。これだけをいえば、海の国際法を整備しようと呼びかけているように聞こえますが、まったく違います。

翻訳すると「大英帝国、退《ど》け」と、大英帝国に喧嘩を売っているのです。

大英帝国は通商破壊で海の帝国になりました。通商破壊とは、すなわち海賊行為です。大英帝国は、挑んできたドイツが第一次大戦で通商破壊をやりまくったのを返り討ちにして、世界の覇権を維持してきたわけです。それをアメリカが「退け」と言っているのです。

第三条、平等な通商関係の樹立。これもここだけ聞けば、まともな提案のように聞こえますが、違います。主な標的は日本で、チャイナ市場から閉め出そうという意図です。一方で、中南米に他の国を入れる気はありません。

第四条、軍備の縮小。レーニンをいじめるな、という意味です。大戦中、ロシアでは革命が起きていました。政変が続く動乱の中で、共産主義を掲げるウラジーミル・レーニンがロシア革命を起こしました。そして皇帝一家を馬まで殺したのを手始めに、人民の虐殺を始めます。まるでフランス革命の再現です。列強は干渉戦争を始めます。日本も参加しています。シベリア出兵とは、ロシア革命干渉戦争の極東戦線なのです。そんな時期に軍備の縮小など、レーニンへの援助です。

第五条、植民地問題の公正な措置。いわゆる「民族自決」を意味します。つまりは、イギリス、フランス、日本の帝国主義を全否定しているのです。一方で、中南米は「アメリカの庭」扱いです。「自分はいいが、お前たちが植民地を持つのは許さん」ということです。

第六条、ロシアからの撤兵とロシアの自由。やっぱり、「レーニンをいじめるな」です。この時のレーニンは国際共産主義を唱えています。共産主義とは、「全世界の政府を暴力革命で転覆して、世界中の金持ちを皆殺しにすれば、全人類は幸せになれる」という思想です。それを世界中でやろうとするのが国際共産主義です。「世界同時革命」とも言っていました。

フランス革命の共和派の焼き直しです。

そうした連中を野放しにせよというのが、ウィルソンです。

なお、アメリカがロシア革命干渉戦争において、まったくの役立たずなので、英仏は戦争目的を切り替えます。北はフィンランドから、バルト三国のエストニア、ラトビア、リトアニア、そして南はポーランドまでの計五カ国をソ連から切り離して独立を認めさせ、レーニンと和睦し引き揚げました。最初からやる気がないアメリカも引き揚げ、戦争目的がわかっていない日本だけがひたすらシベリア出兵と称する「鬼ごっこ」に明け暮れる羽目になりました。

第七条、ベルギーの主権回復。これは一見、平穏です。ベルギーという国は、イギリスにとってのいわば〝任那日本府〟。朝鮮半島の任那が日本の領土であったように、ベルギーはイギリスのヨーロッパ大陸における領土同然でした。イギリスとベルギーは、対馬と朝鮮よりも近い距離です。

ドイツが中立を破ってそんなベルギーに攻め込んだので、イギリスは参戦したわけです。ヨーロッパにおける覇権国家の地位を維持するためでした。

それを、ウィルソンが「それは俺がやる」と言っているのが第七条ですから、「ベルギーは俺の舎弟」という態度です。

第八条、フランス領の回復。アルザス＝ロレーヌのフランスへの返還を、俺が認めてやる。フランスも「俺の舎弟」扱いです。

第九条、イタリアの国境調整。イタリアは、大国になりたいのであれば、「俺の舎弟になれ」です。

第十条、オーストリア＝ハンガリー統治下の二重帝国の諸民族の自治。オーストリア＝ハンガリー二重帝国に民族自決をけしかけ、ハプスブルク帝国を八つ裂きにしようとします。正確には〝四つ裂き〟です。オーストリア＝ハンガリー二重帝国から、ハンガリー、チェコスロバキア、ポーランドなどが独立していき、領土が戦前の四分の一になりました。

第十一条、バルカン諸国の独立保障。その後のバルカン紛争地獄絵図の原点がここです。二〇〇〇年まで続く、殺し合いの原点です。

第十二条、オスマン帝国支配下の民族の自治の保障。オスマン・トルコ帝国は抹殺という意味です。「抹殺」というのはトルコ人の歴史認識です。

現在のトルコ共和国で国父とされるケマル・パシャは「セーブルは死！　ローザンヌは生！」とトルコ人たちを奮い立たせました。セーブルとは、連合国とオスマン・トルコ帝国の間で、一九二〇年に締結された講和条約セーブル条約を指します。セーブル条約はオスマン・トルコを切り刻んで抹殺してしまいそうな過酷な条件でした。

第一次大戦停戦から約半年後の一九一九年五月、ギリシャが仕掛けてきた希土《きと》戦争で、ケマル・パシャ率いるトルコが勝ちます。ケマル・パシャは一九二〇年に第一回トルコ大国民議会を招集し、一九二二年には、スルタン制をひっくり返し、連合国がスルタンと結んだセーブル条約を破棄させ、一九二三年に新たにローザンヌ条約を締結しました。トルコは主権国家に返り咲き、ローザンヌ条約でまさに生き返ったのです。トルコ共和国の成立を宣言します。第十二条は、セーブル条約の先駆けの意味を持ちます。

なお、第十条、第十一条、第十二条が、バルカン紛争、中東紛争、そしてコーカサスあたりの紛争を全部起こしています。ウィルソンが人類の災厄のタネを撒いたというのはこうした事実を指します。

第十三条、ポーランドの独立。ポーランドは日本の友好国なので、心情としてはあまり言いたくないのですが、第一次大戦が終わって第二次大戦が勃発するまでの戦間期、ポーランドは国際連盟の大問題児でした。

ポーランドは分割されてから百二十三年間、頑張って独立回復した途端、そこで緊張の糸がプチーンと切れてしまい、「俺を国際連盟の常任理事国にしろ」などと言い出し、周辺すべての国と紛争を起こします。

ポーランドだけでなく、他の東欧北部の国もバルカン（東欧南部）のように、身の程知らずの要求を掲げるようになっていきます。これが第二次大戦の原因となります。東欧諸国はヒトラーに侵略されているにもかかわらず、ナチスドイツの尻馬に乗って国境の領土を掠め取ろうとする有様です。

第十四条、国際連盟設立。国際連盟は「仮面をつけた大国主義」と言われます。

以上すべて、それまでの国際秩序を全否定し、世界をウィルソンの思うように作り変えようとしたのです。

読み飛ばした人の為に解説しておくと、「レーニンを殺すな」と強調しています。十四カ条を出した年、ウィルソンは**「私の背後にある神との厳格な契約の伝統が後年まで私に大きな影響を与えている」**と語ります（前掲『ウッドロー・ウィルソン伝』）。

レーニンの「平和に関する布告」が出てから、「十四カ条の平和原則」を出すまで、ウィルソンがどのような心理状態であったのかは、よくわかりません。普通の歴史学者は、精神異常者や人格異常者の精確な分析はできません。

蛇の道は蛇。精神科医のフロイト大先生によると、周囲はウィルソンにオモチャを与えておいて、必死で仕事をしています。そこでウィルソンは一人、神の世界と交信しているわけです。ただし、ホワイトハウス外部の人は、発表されたウィルソンの声明や、採用されたアメリカの政策で判断するしかありません。要するに、どういうつもりでそういうことを言っているかは、よくわからないのです。

日本でも同時代に現在進行形でウィルソンの演説や論文が翻訳されていて、現在は国会図書館のデジタルアーカイブで読むことができます。翻訳者が必ず付言しているのが、「ウィルソンは偉大な思想を世界に提示した」ということです。あまりにも第一次世界大戦が悲惨で、レーニンが登場し、ウィルソンが出てきて、良いことを言っているし、せめてこの戦争を止められるならと受け止める人が大勢いたのです。まだ世界は、レーニンやウィルソンの危険性に気付いていない段階で、「平和に関する布告」や「十四カ条」を論評しているのです。たとえば日本のウィルソニアンの代表とされる吉野作造もそうです。吉野に限らず、みんなの本音は、「なんでもいいから大戦を終わらせてくれ」なのです。

ところで、十四カ条には最も大事な国が、入っていません。

ドイツです。

降伏を受け入れたドイツに国体変更を迫る

一九一七年半ば、アメリカ軍のヨーロッパ派遣が始まります。六月二十五日、西部戦線に第一陣が到着しました。ここから翌一九一八年五月までに、フランスにいるアメリカ軍兵士は五十万人になり、九月には百二十万人まで増強されます。数だけは多く、元気いっぱいです。さすが経済大国の軍隊だけあって、物資だけは豊富です。

ヨーロッパ派遣軍の総司令官として乗り込んで行ったのは、メキシコで懲罰遠征軍にも参加したジョン・パーシングです。パーシングはこの戦争で英雄となって、戦後に合衆国軍元帥の称号を受けました。アメリカ軍はパーシングの主張により、ヨーロッパ連合軍の指揮下に入らず独自に戦います。

第一次世界大戦に参戦した後のアメリカ軍の戦い方を、ヒット・アンド・アウェイ戦法と言います。一発撃って逃げる、つまり弾が当たらなくてもいいから、自軍の兵が殺されずに何度でも出陣します。これでドイツ軍がヘトヘトに消耗しました。

ドイツ軍は、戦後「アメリカ軍は我々が沈めるより多くの船を造った。それだけだ」と書き残しています。事実、そうでしょう。

一九一四年八月のベルギー侵攻から四年、ドイツだけでなく連合国のイギリス、フランスともに疲れ切っています。そこへ物量だけが取り柄のアメリカが参戦したので、ドイツを余計に疲れさせることとなりました。

では、それが連合国の勝利に貢献したかというと、実はゼロです。それが言い過ぎなら、いないよりはマシだったレベルです。なぜなら、戦況がさっぱり動いていないからです。アメリカが参戦しようがしまいが特に大きな動きがない中で、一九一八年三月、ブレスト・リトフスク条約が締結されてロシアが離脱します。むしろドイツに有利な状況すら出現しました。アメリカが参戦してから一年、ドイツは持ちこたえるどころか、ロシアを敗北させているのです。

冷静に考えて、ドイツがイギリスとフランスに勝てたとは到底思えないのですが、だからといってアメリカが参戦したから連合軍が勝利したかというと、全然違います。

むしろ、地中海方面の補給を日本が守った方が、戦局への影響が大きいとすら言えます。平間洋一元防衛大学校教授は、地中海へ派遣された十七隻の帝国海軍艦艇が一年九か月で護衛した船舶数を七百八十八隻、兵員七十万人に達するとしています。単に護衛だけではなく、ドイツの攻撃で被雷した船からも、実に七千七十五人に上る救助を行ったとして、その活動成果を次のように評価しています。

一九一八年四月中旬から六月中旬には、アレキサンドリアから約一〇万の兵をマルセーユに護送し、九月下旬にはエジプトからサロニカ（ギリシャ）へ連合国の陸軍部隊を護送したことは、イギリス国防委員会が作成した『欧州戦争中の海上通商』に、ドイツ潜水艦の攻撃に悩まされていた「連合軍として若干意を強うするに足る事実少々之無きに非ず」、日本海軍の支援によって「我軍隊輸送船の行動上の危険が従来より著しく減少したことなり」と記されており、緊迫した当時の連合国側の戦況を有利に転換する上に大きな影響を与えたであろう。（前掲『第一次世界大戦と日本海軍』二一八頁）

帝国海軍はイギリスの要請で艦隊を派遣していますが、平間教授の研究では、他にもフランスやイタリアから我も我もと派遣要請が来て、しまいにはアメリカのランシングから石井菊次郎経由でヨーロッパへの兵員輸送船護衛の打診があったことが取り上げられています。余程、アメリカよりも日本の方が貢献したと言える外交があったのです。

そうした外交方針を当時の日本で言っていたのは、井上馨であり、石井菊次郎です。井上は開戦初頭で亡くなり、石井はマトモな発言権を与えられていません。山県有朋は、ロンドン宣言加入を支持したのが最後の輝きとなりました。首相の大隈重信や寺内正毅は何も考えていません。

それはさておきアメリカは、一九一八年に入ってヨーロッパ派兵が本格化していく中、一月十九日の上院軍事委員会では、野党共和党から動員体制の崩壊を指摘される状態です。負けないだけで勝ちに行っていないため、いつまでこんな戦いを続けるのだと批判されているのです。アメリカは、こういうのを累積戦略と言ったりするのですが。共和党保守派は、戦争遂行の監督権を大統領から奪うために猛運動します。少なくとも、連立の戦時内閣樹立を目指しました。

日本やヨーロッパは、ホワイトハウスだけがアメリカだと思っていたので、こうした勢力への働きかけは皆無です。ヨーロッパ諸国の苦情と懇願は話がわかるハウスに殺到しますし、かろうじてウィルソン政権の間隙《かんげき》をぬったのは石井菊次郎だけです。ウィルソン政権といえども議会の勢力は侮れないので、もしここに工作をしていれば歴史は変わったかもしれません。歴史学者の学術論文でイフは禁物ですが、思考実験としてのシミュレーションは大いに行うべきでしょう。

さて、第一次世界大戦は最後の激戦の時期を迎えます。一九一八年三月三日、ブレスト・リトフスク条約で独ソ単独講和が行われます。ソ連の建国は一九二二年ですから、正確には赤色ロシアですが面倒なので、以後ソ連の表記で通します。

ドイツは東部戦線が片付いたので、西部戦線で何度か大攻勢をかけます。三月二十一日から始まりますが、ことごとく失敗します。もはや体力が残っていないのです。アメリカがいてもいなくても、別に中立国のままでも参戦しても、はっきり言って戦況には大きな関係はありません。一九一八年五月二十七日、ウィルソンは議会で大増税の演説をしていますが、もう勝手にやってて下さいというレベルです。派兵の数がどんどん増えますが、英仏の要請で実務家が応えているだけです。

この後もマウント・バーノン演説やら、十四カ条に追加の講和四原則やらと色々やっていますが、基本的には無賠償・無併合・勝利なき平和と絶叫しているだけです。

ちなみに追加の四原則です。

二月十一日　上下両院合同会議演説

（一）最終の解決を為すには、各問題の内容を審査し、各絶対的正義を基礎とすべく、其の解決の基準は恒久的平和を招致することに付、最も見込ある方法に則ることを要す。

（二）人民及国土は恰も普通の貨物の如く、又は象棋の競技に於ける歩卒の如く、一国より他国に転換授受せらるべきものにあらず。昔時は列国均勢主義の為に往々其の例ありたるも、斯の如き主義は今や永遠に廃絶に帰したり。
（三）現戦争に関する領土の整理は、其関係人民の利益を考察して之を決定すべく、単に各競争国家間の要求を按排妥協して之を定むべからず。
（四）明白なる国民的願望は、出来得る限り悉く之を満足せしむるを要す。但し之が為に却て新に国際的不和を惹起するか、又は国際間に従来存したる反目不和の原因を増進するの結果となり、将来欧州平和、延いては世界の平和を破るの虞ある場合は、此限に在らず。

（鹿島守之助『日本外交史12　パリ講和会議』六頁、鹿島研究所出版会、一九七一年）

一九一八年九月二十九日、ついに独裁的に戦争指導をしていたルーデンドルフ参謀次長が音を上げ始めました。ドイツは三月からの大攻勢で一か月半近く持ち堪えますが、途中で力尽きます。連合国の反攻作戦が八月から始まり、英仏軍が十二万の兵を投入しました。連合国側の大攻勢に押されたドイツ軍は撤退を重ね、ルーデンドルフはドイツ政府に即時休戦の申し出を要請したのです。

最も好戦派のルーデンドルフが講和を言い出したので、ドイツ政府はすぐに動きます。十月三日には、ドイツ政府がウィルソンに休戦を訴え、二日後の十月五日にはウィルソンの十四カ条とその他の講和四原則の十八カ条をすべて丸呑みすると承認します。

そこでウィルソンは、侵略地からの撤兵が休戦の条件だとの覚書をドイツに送りました。

条件をつり上げます。

さらにウィルソンは、ドイツ政府の正統性を問うという挑発をします。皇帝ヴィルヘルム二世から、マックス・フォン・バーデン首相、参謀総長のヒンデンブルクや次長のルーデンドルフまで、全員の総意で「ウィルソン様の言うことを聞きます!」と言ってきたのです。それなのに「今の政府がドイツを代表する資格を持っているか?」です。ドイツ政府は、「憲法と議会により権限を保証された政府だ」と回答します。

ドイツの回答に対し、ウィルソンは次の要求をします。「ドイツ皇帝は退位せよ」「君主制独裁政府なら和平交渉ではなく降伏を要求する」です。

十月二十三日付でアメリカからドイツに送られた公電から、ウィルソンの要求部分を抜粋して日本語訳にしたものです。

ドイツ国民には、民衆の意志で帝国の軍事当局の同意を命令する手段がないこと、帝国の政策をコントロールするためのプロイセン王の力が損なわれていないこと、そして、決定権を握っているのは、今までドイツの支配者であった人々のままであることは明らかである。（中略）アメリカ合衆国政府は、ドイツの真の支配者としての真の憲法上の地位を保証されているドイツ国民の真の代表者以外には対処できないことを、改めて指摘する。もし今、ドイツの軍事的支配者と君主制独裁者に対処しなければならないならば、あるいは、ドイツ帝国の国際的義務に関して、後に彼らに対処しなければならない可能性があるならば、和平交渉ではなく、降伏を要求しなければならないのである。（鹿島守之助『日本外交史12　パリ講和会議』鹿島平和研究所編、一九七一年）

ドイツは政府の正統性を問われて、和戦は皇帝の大権だけれども、政府は選挙で選ばれた代表機関で、これまでも首相は議会に責任を持っていることは法律で規定されていると説明したうえで、「新政府第一の行為は憲法を改正し、和戦の決に国民代表機関の協賛を要することとなす法案を、議会に提出することにありたり」と回答しています（前掲『日本外交史12　パリ講和会議』十九頁）。ウィルソンの要求は、「そんな生ぬるいことで信用できるか！」なのです。後のダグラス・マッカーサーでも占領前にそんなことは言わなかったのですが。

ちなみに公電を送った翌日の二十四日、ランシングはわざわざウィルソンの回答文書を、石井菊次郎に渡し、日本政府に伝達するように依頼しています。自信満々に無条件降伏を要求しているのです。

ドイツの皇帝に退位を要求するというのは、後を継ぐなという含みです。しかも独裁政府とは交渉しないと言い切っています。ならば国体を変更するしかありません。ただ、抜け道はあります。ドイツ皇帝は、二十五の国の王様が集まったドイツという国の皇帝です。ドイツ帝国の成立以来、三代の皇帝はいずれもプロシア国王が皇帝を兼ねています。ヴィルヘルム二世は、皇帝を辞めても国王で残れる可能性があります。第二次世界大戦で敗色濃厚となった日本が国体護持を必死で考えたように、この時のドイツ人もその可能性を最後まで模索するのです。

結果的には、ドイツには皇帝も、二十五の王冠も無くなりました。ウィルソンは最初からこれを狙っているのです。講和の十八カ条と皇帝退位を突き付けるということは、その後もあるぞという意味です。

たとえば第二次世界大戦でアメリカが日本に突き付けたハル・ノートを、文言だけ読んで「こんなの全然呑めるではないか」という解釈をしてはいけないのと同じです。これまでの流れの中で、条件上乗せの連打をしていってトドメでここまで言っているので、二十五個の王冠まで引っくり返す意味になるのです。言葉には、特に外交交渉では、流れがあります。ドイツ帝国は、これによって政治的に死ぬか、物理的に死ぬかしか選択肢が無くなるわけです。しかし、ドイツは要求を呑み、退位をしてもホーエンツォレルン家の子供たちがプロイセン国王として生き残る道にかすかな希望を抱いて受け入れます。

ところが、この十四カ条宣言は、この段階ではウィルソンが勝手にドイツに言っているだけです。全世界に向かって勝手に言ってみたけれども、各国政府のうち真に受けて聞いているのはドイツだけです。連合国には何の根回しもしておらず、同時並行で交渉します。

毎度のようにハウス大佐がパリへ派遣され、英仏伊と協議を始めます。連合国側には、十月十九日には十四カ条にもとづく休戦を拒否されてしまい、ハウスは単独講和するぞと脅し返す有様です。アメリカはロンドン宣言に入っていないからです。さらにウィルソンも妙に強気です。「全世界に連合国が十四カ条を拒否しているとバラすぞ」と言い出します。

アメリカでも、二十五日に石井菊次郎がランシングと会見して、「該条項中には連合国政府に於て俄に完全なる同意を表し兼ぬる点ある可し。茲に於て平和条項に関しては、米国の敵たる独逸が反つて米国に接近したるの奇観を呈するに至らずとも限らず」と、連合国の意見も必要なら、回答が遅れますよと苦言を呈したぐらいです（前掲『日本外交史12　パリ講和会議』二十四頁)。日本の内閣は原敬に代わり、外相は内田康哉です。本国政府が講和に無関心な中、出先の石井は孤軍奮闘していました。涙ぐましい……。

ハウスは重ねてアメリカの単独講和を掲げ、連合国が十四カ条を原則承認したのは十月二十九日のことでした。さすがにイギリスは、第二条の「公海航行の自由」にだけは留保を付けました。

一九一八年十一月十一日、ドイツは仮休戦協定に調印します。調整に時間がかかっている間に、ドイツでは水兵が出撃命令を拒否して反乱が勃発し、九日にはベルリンで革命が起こります。ヴィルヘルム二世が退位し、十一日の休戦協定調印の時には、ドイツは崩壊していました。

ウィルソンは、いよいよ講和会議だと意気込んで、ヨーロッパにいるハウス大佐に電報を打ちます。

「わたしが議長に選ばれることと思う」(前掲『ウッドロー・ウィルソン』二四一頁)

……さすがにハウス大佐も、外交上の慣例で開催国が議長を出すので、議長はフランスのジョルジュ・クレマンソー首相ですよと返信します。さらに、ウィルソンの講和会議出席は賢明ではないと書き送ります。するとウィルソンは不機嫌になります。フロイトの言葉を借りれば、「諸国民に神の法を説きたい」ので「実際に出席して、王座から世界を審判したい」からです。

ウィルソンは、自分が神の使節としてパリを訪れると信じていました。その後の交渉の行方は、人間の限りある知恵ではなく神の摂理によって決まると秘書に言い出します。

「今度の旅行は、歴史上の最大の成功か最高の悲劇かのどちらかになるだろうね。（中略）**でも、ぼくは信ずるのだが、どれほどの人間が寄ってたかって力を合わせても、この偉大な世界の流れには勝てやしないさ。結局、それは、神の慈悲、平和、善意のなせる業なのだからね」**（前掲『ウッドロー・ウィルソン』二四二頁）

「やめてくれ」としか言いようがありませんが、誰も止められません。

かくして、狂気の舞台はパリに移ります。

第5章

パリ講和会議とその後——なぜ全世界が不幸になったのか

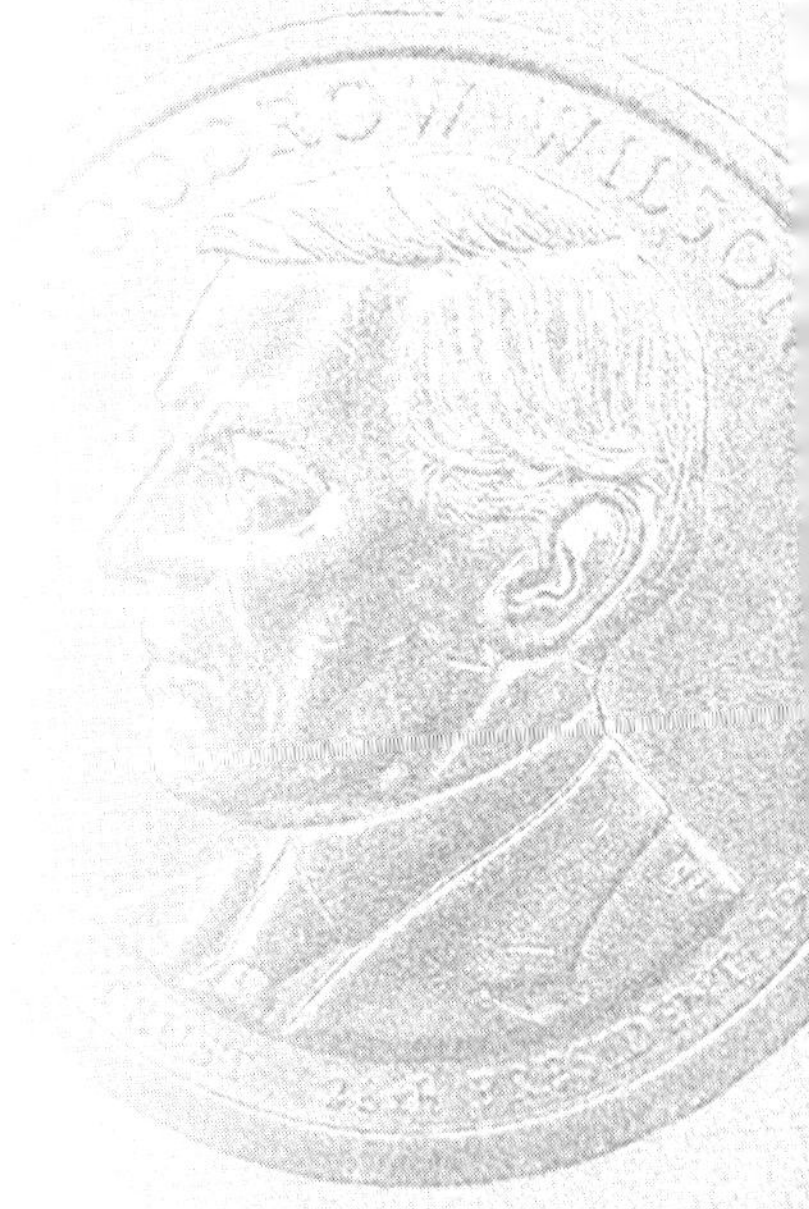

ウィルソン、講和会議へ乗り込む

一九一八年十二月四日、パリ講和会議出席のため、ウィルソンとアメリカ代表団を乗せた船がニューヨーク港を出港します。これに先立って、ハウス大佐の助言を振り切り、ウィルソンは講和会議に自ら出席することを表明していました。

野党共和党は講和会議への随行協力を申し出ますが、ウィルソンに断られてしまいます。普通、このような国の運命を決めるような重大な会議には超党派で代表団を組むものです。たとえば、日本の吉田茂はワンマン宰相と言われましたが、第二次世界大戦の講和を決めるサンフランシスコ会議には、野党に頭を下げて全権団に参加してもらいました。吉田のワンマンなど、ウィルソンに比べれば子供の遊びにもなりません。

ここで共和党を連れて行けば、国際連盟にアメリカも加入していたかも知れません。十一月の中間選挙では、上下院ともに共和党が勝ち、議会過半数を獲得していたからです。条約批准には議会の承認が必要なのですが、ウィルソンはまったく考えていないのです。

ウィルソンは会議で必要な情報収集のため、ハウス大佐の諮問機関だった学者グループを調査機関インクワイアリとして設置しています。側近だけを頼りました。ところが、既に最側近のハウスにすら、呆れられ始めています。ハウスがウィルソンに出席しない方がよいと助言したのは、これがヨーロッパの戦争だからです。現に日本も、原敬首相は講和会議に出席していません。ヨーロッパの首脳は近場で集まれるので良いですが、日本やアメリカは大洋を越えて参加して、その間は国を空けねばなりません。

ハウスの助言を無視して出発したウィルソン一行は、十二月十三日にフランスのブレストに上陸しました。凱旋将軍のごとくイギリスへ行ったり、パリで演説したりと遊びまわっています。前哨戦です。メインイベント前のパフォーマンス、タイのキックボクサーが試合の前にリングで踊っているようなものでしょうか。往きの船中では、ウィルソンがヨーロッパの政治や地理、人種の分布にまったく無知なことが披歴されました。代表団の誰もを不安に思わせるには十分です。

パリに到着すると、ウィルソンはひと悶着起こします。アメリカ代表団の秘書が気に入らないといって、選び直すと言い出すのです。ハウスが諫《いさ》めたものの、以後、ウィルソンはランシングらアメリカ代表団との接触を避けました。さすがにそれでは仕事にならないので、ハウス大佐が自分のスタッフをウィルソンに割きますが、それもウィルソンが嫌いな人物だったため、宿舎も分けて逗留します。

ヨーロッパでは、ウィルソンは救世主として熱烈に歓迎されました。誰もがウィルソンの演説に耳を傾け、熱狂とともに迎えたので、ウィルソンは至福の時間を過ごします。自分の使命に対する自信を増し、ヨーロッパの諸国民が自国の政府よりも自分に従って立ち上がるとまで思い込んでしまいます。弁論部出身の新興宗教の教祖がアメリカ大統領になると、こうなります。

その講和会議ですが、一般的に参加国が奇数でないと、物事が決まらずに延々と揉めます。だから物事を決めるアクターは五大国です。この時は、戦前のヨーロッパ五大国が英仏露独墺なのですが、講和会議時点になると日英仏伊米に代わっています。ロシアは転覆してソ連とは革命干渉戦争の真っ最中なので、まさか会議に呼ぶわけにもいきません。ドイツとオーストリアは敗戦国なので大国には入りません。もっとも、敗戦国を会議に呼ばないということ自体が問題ではありましたが。

イギリスとフランスは彼ら自身が紛争当事国で、しがらみだらけです。しかも民主国なので、復讐心に燃え上がっている自分たちの選挙民に逆らえません。

イタリアは名ばかり大国で、数合わせです。第一次世界大戦は半分裏切っていたとはいえ、当初からドイツとオーストリアの同盟国側で、裏切って奇襲をかけたは良いものの、滅び際のオーストリアに返り討ちに遭うぐらいです。そして、周辺諸国と揉め事ばかり抱える、当事者能力なしのトラブルメーカーです。

そういう英仏伊に加えて、アメリカはウィルソンが会議を仕切ろうと乗り込んで来ます。英仏とアメリカが揉めるのは目に見えています。

すると、この状況をまとめられる大国は、一つしかありません。

日本です。

だから、世界の外交官の誰もが「あの人が来る」と信じました。

石井菊次郎です。

当時、外交の世界で「Ｉｓｈｉｉ」は、知らぬ者はいない有名人です。大日本帝国時代の外交官に、石射猪太郎《いしいいたろう》という人がいます。石射の回顧録には、後年にハーディング大統領を表敬した際、「あのイシイ子爵の親族か?」と問われて、「親類ではありません。よくそう問われるのですが、発音は同じでも字が違うのです」と答えて、駐米大使の幣原喜重郎に「なりすませばいいのに」と笑われたとのエピソードがあります（石射猪太郎『外交官の一生』中公文庫、一九八六年）。それくらい石井菊次郎は、国際社会で一目置かれていました。それほど名前が轟いたのは、色々な実績がある中でも、とりわけロンドン宣言加入が最大の理由です。

　ヨーロッパ人から見たら、日本は自分だけ大戦から抜けることができる状況で、最後まで一緒に戦ってくれた仲間です。耄碌した山県有朋や何も考えていない大隈重信を説得した苦労は外国人には関係ありませんが、とにもかくにも石井の主導でロンドン宣言に加入したので、日本は大国としてヴェルサイユ会議に招かれました。もし石井が日本全権代表だったら、会議は史実のような地獄絵図にはならなかったでしょう。その後の歴史を見ても、石井は参加した会議で喧嘩する欧米を調停する役割です。本当に残念なのですが、石井が講和会議に行ってさえいたら、間違いなく世界の歴史は変わったでしょう。

　ところがヨーロッパの人たちの期待を裏切って、日本が送ったのは、形式上の全権は西園寺公望元首相、実質的な代表は牧野伸顕元外相でした。原敬日記にも出て来ますが、当時の外相は内田康哉で、石井がアメリカを離れるわけにいかないと判断しています。ウィルソンが講和会議に出席しない前提です。ウィルソンが不在になるのだから、石井も会議に送ればいいものの、行かせないのです。原も内田も外務省出身なのですが、何を考えていたのか。

　あえて言うなら、石井は反対党の大隈内閣の外相なので、送りたくなかったのでしょうか。それも理由になりません。そういう党派性から抜けたところに外交を置くから、政党政治家は外務大臣にならなかったのに。一方で、牧野は原が仕切った山本権兵衛内閣の外相、西園寺は政友会前総裁です。身内の論理を優先させたと考えれば自然ですが、書いているこちらが忸怩《じくじ》たる思いになります。

ナポレオン戦争の講和会議であるウィーン会議が一八一四年から翌年まで。その百年後に第一次大戦が勃発しましたが、今回のヴェルサイユ会議は約百年ぶりの大会議です。それ相応の立場の人ということで、元首相の西園寺が行くことになりました。

西園寺は、フランスのクレマンソー首相とは、パリ大学留学時代の同級生でもあります。その西園寺はと言えば、講和会議に行くのに妾を連れて、ゆるゆると遅刻して行きます。あげく、原首相と内田外相は、日本と関係のない話だったら黙っていろと訓令していました。このため、日本代表団は講和会議で「サイレント・パートナー」と言われるほどの存在感しかありません。ヨーロッパ各国代表からは、日本は自分のことしか考えない酷い奴だと思われます。だったら何の為に会議に参加したのか。

この時に、世界の秩序に責任を持つことを念頭に外交を仕切っていたら、今でも大日本帝国はあったかも知れません。その力量は、その後の国際連盟で活躍した日本人外交官のことを見ればわかります。石井菊次郎はもちろん、新渡戸稲造は国際連盟の初代事務次長です。

国際法の大家である安達峰一郎など、当時の多くの日本人の活躍は、海野芳郎『国際連盟と日本』(原書房、一九七二年)や、篠原初枝『国際連盟』(中公新書、二〇一〇年)で取り上げられています。その後、国際連盟で日本人が活躍したことでかなり挽回した事実は特筆大書すべきですが、しかし、それにしても惨《むご》い。

パリ講和会議で何かにつけて大騒ぎをした小国ギリシャ代表のエレフテリオス・ベニゼロスのことは、欧米の外交史家はみんな知っています。ところが、連合国に大いに貢献した日本の代表が名前も知られていません。いつのまにか日本が外されて「四巨頭」となり、大事な話でイタリアがいても仕方ないので英仏米の三大国交渉になりました。ウィルソンの錯乱に、ロイド・ジョージとクレマンソーは頭を抱えるしかありません。

イギリスの博物館では、オランダやポーランドよりも存在感がない扱いでした。日本人として屈辱ですが、肝心な時に何も言わずに黙っているのですから、仕方ありません。無念です。

講和よりも国際連盟だ!

一九一九年一月七日、ウィルソンはイギリスのロンドン・ギルドホールで演説し、母方の故郷カーライルを訪ねるといった周遊と遊説を終えてパリに戻ってきました。第一ラウンドです。

最初にウィルソンが行ったのは、講和会議の開催国のフランスが作成した会議プログラム案を拒否することです。当初のプログラムは、講和についての会議が先、国際連盟についての会議が後になっていました。ウィルソンは先に国際連盟を作った後、各国が講和会議に入れと主張したのです。

フロイトは、この時のウィルソンの考えを、国際連盟設立によってアメリカによる平和を保証すれば、各国代表の政治家らが「安心感と兄弟愛の感情を持ち、すべての国家を、山上の垂訓の精神でもって扱うようになる」と考え、ウィルソンが「重大な問題はすべて消えてなくなるだろう」と信じたとしています。これを理想主義者と呼ぶ人がいたら、その人が誰であれ知能テストと精神鑑定を受けさせるべきでしょう。

ウィルソンは講和会議の前年、一九一八年三月二十二日にハウス宛の書簡で、「アメリカ国民から権利を委任された大統領が連合国に平和を保証できるのは、徳義上、『講和会議の最終的領土協定が公平で申し分なく、永続させる価値のあるものであるとき』のみであるという見解」だったからです（前掲『ウッドロー・ウィルソン』二四七頁）。何に永続させる価値があるとするかは、キリストたる自分です。

ウィルソンは、国際社会を弁論部的に捉えていました。規約づくりは、少年時代からの自己表現のひとつです。ウィルソンにとって国際連盟規約を作ることは、野球チームや弁論部の規約（ルール）を作る延長線上にありました。自分の作ったルールのもと、異なる国同士であっても兄弟愛にもとづき、和気あいあいとした講和会議になれば、「弱き国を助け、強き国を挫く」ための討論ができると思ったのです。

ウィルソンのこうした性質は、各国から集まった代表団には、大体のところ見抜かれています。現在も経済学者として著名なジョン・メイナード・ケインズは、イギリス代表団に大蔵省主席代表として参加して、ウィルソンと対面しています。ケインズは「平和の経済的帰結」を著し、第一次世界大戦の講和でドイツに過大な賠償を課したことを批判しました。また、そのためにケインズがイギリス代表団を辞任したことで知られています。「平和の経済的帰結」には、対独賠償と同時に、ウィルソンの人物評も書かれています。

フロイトがウィルソンの心理分析を行った際、ウィルソンの書いたもの、演説録、第三者とやり取りした書簡から、ウィルソンに関して他の人が書いたものまで、およそ手に入るあらゆる記録を使用しました。ケインズによる人物評もその一つに挙げられています。

ケインズは、ウィルソンにイングランドやスコットランドの古い伝統的な宗教的気質を見出し、その本質は理知的ではなく神学的だと看破します。ケインズの目には、ウィルソンは「およそ実業家でもなければ普通の政党政治家でもない」と、何か異質なものに見えたのです。ウィルソンがそれまで書いてきたものを読んだ印象と、あまりにもかけ離れた実像には相当な驚きがあったようです。

またケインズは、ウィルソンが、本来なら大統領を支えるべきであるはずのスタッフからも、孤立していたことに言及しています。このためウィルソンの十四カ条は観念的で、「それらの戒律のどれについても説教を垂れたり、それらの成就を願って全能の神に荘厳な祈祷を捧げたりすることならできたはずであるが（略）ヨーロッパの現実の状態に具体的に適用する方策を構想することは、彼にはできなかったのである」と書き記しています（早坂忠訳『ケインズ全集２　平和の経済的帰結』東洋経済新報社、一九七七年）。

一月十三日から事務的な打ち合わせが進み、一九一九年一月十八日からヴェルサイユ講和会議が開催されました。当日の第一回総会には、連合国側として参戦した二十八か国の代表が出席します。ちなみに、どうでもいいことですが、最近は「開会式と調印式こそヴェルサイユ宮殿・鏡の間で行われたが、実際の会議はフランス外務省で行われたのだから、パリ講和会議と呼ぶべきだ」と主張する人がいます。そういうの、「趣味の問題」で終了ですが、一言述べておきます。

個人の学術論文で「パリ会議」「ヴェルサイユ条約」と使い分けるのは止めませんが、既に人口に膾炙している「ヴェルサイユ会議」を言葉狩りしてどういう意味があるのか。それに「パリ会議」とは呼んでも「パリ条約」とは言わないでしょう。

大事なことは、開会式と調印式の日です。この日は、よりにもよってドイツ帝国の建国の日です。一八七一年一月十八日は、普仏戦争の講和に先立って、フランスに勝利したプロイセンがヴェルサイユ宮殿鏡の間でヴィルヘルム一世のドイツ皇帝即位式を挙行した日です。だから「ヴェルサイユ」が重要なのです。連合国の復讐心を象徴する日と場所だからです。それに対して、パリは単なる会議場です。そして調印式が行われた六月二十八日は、大戦が勃発したサラエボ事件の日です。

さて、総会では講和条約案の作成は五大国が行い、五大国の代表が組織する最高会議で内容のすり合わせを行うことに決まりました。イギリスのロイド・ジョージ首相がいきなりドイツ植民地の返還に反対し、日本の牧野伸顕が国際連盟創設を留保してウィルソンに詰め寄られるなど、波乱の幕開けです。

ひとまず、一月二十五日の第二回総会で、ウィルソンが国際連盟規約の起草を提案し、決議されました。ウィルソンは、随行のスタッフを遠ざけてしまったため、一人で規約づくりに熱中しました（前掲『ウッドロー・ウィルソン』二四四、二五一頁）。二月三日には国際連盟委員会の第一回会合でウィルソンの作成した全二十二条からなる草案が提示され、委員会を設置して各国代表とのすり合わせが行われます。するとフランスは、「そんなのは聞いていない。急に言われても。しかも規約にフランス語訳がない」と疑義を唱え、イギリスとイタリアが「まあまあ、大枠ですし」と宥めて何とかしました（前掲『日本外交史12　パリ講和会議』七十七頁）。

国際連盟設置の話し合いは、ウィルソンの提案で毎晩行われることとなりました。日本が提案した人種平等条項の挿入も、この間に根回しと具体化の作業をしています。日本側は、まず問題になるのはアメリカだということで、ランシングに探りを入れ、ハウス大佐と相談しながら条項案の作成を行いました。日本の作成した条項は、ハウスの修正を受け、さらにウィルソン自らの修正が加えられ、規約への挿入をウィルソンの提案とする話となっています。イギリスも「今後の流れによってはわからない」と留保付きながら承認したので、日本は英米間の調整に委ねます。結果的に、大事な問題では「サイレント・パートナー」でありながら、なぜこんな問題に熱中したのかわかりません。「有色人種として世界で最初に人種平等を言ったオレ、カッコいい」と自己満足に浸りたかったから、としか説明がつきません。

この他にも植民地の扱いや、ドイツ領南洋諸島の問題も含めて話し合いと修正を重ねる間に、ウィルソンはハウス大佐に国際連盟規約を含まない、予備的講和条約の作成を命じています。ウィルソンの中では、国際連盟を設立した後に、その枠組みの中で講和を話し合うという優先順位は変わりませんが、各国代表が国際連盟に賛成しやすくするため、講和に関しても予め仮条約のようなものが必要だと、この時は思ったのです。

一方、日本は人種平等条項の挿入がどうなっているのかわからず、原案が提出される日が近づくばかりなので、牧野伸顕はダメ元でも言ってみようと二月十三日の国際連盟委員会で修正を提議しました。宗教の自由の条項に挿入する提案です。イギリスは反対、フランスも反対、ギリシャは時期尚早論、ベルギーも反対です。賛成側に立ったブラジルやルーマニア、チェコスロバキアが激論を繰り広げ、イギリスが収拾します。それなら、宗教の自由ごと該当条項を削ろうというイギリス提案が多数を集めました。ウィルソンは別の会議で不在です。そこで、討議は持ち越しとして、翌日の総会には宗教の自由条項ごと削ったものを出そう、ということになりました。何をやっているのか、さっぱりわかりません。

こんなデタラメを続けて日を過ごした後の二月十四日、ついにウィルソンが総会で前文と全二十六条からなる国際連盟規約の原案を朗読する運びとなりました。ウィルソンは幸福の絶頂です。ウィルソンにとっては、山上の垂訓です。自身が読み上げる規約は、全世界の恒久平和を意味するのだと確信しました。

ウィルソンの恍惚が、頂点に達しました。

そして後のことはハウス大佐に任せ、ウィルソンは意気揚々とアメリカに一時帰国します。ウィルソンの中では、これで国際連盟が成立したことになっています。何しろ、弁護士事務所を作ってから司法資格を取る人です。ウィルソンの頭からは国際連盟の規約にしろ、講和条約にしろ、自国の上院で承認を受けねばならないことがすっぽり抜けています。

帰国したウィルソンを待っていたのは、国際連盟規約に対する反対運動です。ウィルソンはボストンでの帰国演説で反対派を攻撃しますが、容易には収まりません。議員をはじめ国民も、国際連盟に加入すれば、将来の戦争にアメリカが引きずり込まれると考えたからです。三月四日には上院議員三十七名が署名した上申書が決議され、ウィルソンは連盟規約の修正要求を突き付けられました。要求された修正点は、脱退を可能にする条項の追加、国内問題を国際連盟の管轄から除外すること、モンロー・ドクトリンを認めさせることの三点です。

しかし、こんなものを一瞥《いちべつ》するウィルソンではありません。

キリストか否か、それが問題だ

ウィルソンは三月四日、再びパリへ戻ります。第二ラウンドです。ウィルソンは、今度は講和条約作成の現実に直面します。イギリスやフランスは、国際連盟に賛同したのだから、後は自分たちの要求を通せばいいという考えです。ウィルソンは帰国中の一か月、ハウス大佐が状況を報告する電報を送っていたのに、たまにしか注意を払わなかったといいます。ハウス大佐は、ドイツとの可及的速やかな講和を助言しますが、ウィルソンは受け入れません。国際連盟創設で頭がいっぱいのウィルソンにとって、ドイツのような些末な問題などに構っていられないのです。この会議、ドイツとの講和会議なのですが、そんなことはどうでもいいのがウィルソンです。なお、しつこいですが強調しておきます。ウィルソンにとって国際連盟創設とは、「自分がキリストであることの証明」です。

領土や賠償の問題に対して、連合国は莫大な要求をしますが、ドイツとの無併合・無賠償を掲げた休戦協定を擁護するウィルソンにしても、ドイツが可哀想だとは欠片も思っていません。別にドイツに恨みがあるのではなく、どうすれば国際連盟ができるかしか考えていないのです。絶望的なまでの英仏との認識の乖離です。

結局、ハウス大佐の助言により、ロイド・ジョージ、クレマンソーと秘密会議を持つことになるのですが、ウィルソンはここで突如として、フランスに対して軍事同盟を提案しています。フランスがドイツに攻撃されたら、アメリカがただちにフランスの側に立って参戦することを保証するものです（前掲『ウッドロー・ウィルソン』二八一頁）。「だから、安心してドイツに対する要求を手離せ」と言いたいらしいのです。

もう一つ、ウィルソンが忘れていたのは、前回パリを離れる時にハウス大佐に指示した「予備的講和条約」のことです。ハウス大佐が国際連盟規約を含まない予備的講和条約締結の線で合意したと報告すると、ウィルソンはショックを受け、ハウス大佐に裏切られたと感じます。

この時点で「話が違うじゃないか」と思っているのは、ウィルソン一人です。ハウス大佐はずっとヨーロッパの苦情を一手に引き受けています。ハウスも並外れて優秀なわけでも何でもないのです。講和を実現するなら、ある程度の妥協も必要だと考える、普通の人です。

この時点でウィルソンの周囲からは、ハウス大佐を除いて、まともな人間は全部遠ざけられています。そのハウスにしても、ただの調整役で凡人にすぎないのですが。

ケインズは、大統領を補佐するはずの代表団は、会議中も「ある特定の目的のために大統領が彼らを必要とするかもしれないようなときに、不定期に呼びいれられるだけのことだった」と、ウィルソンとスタッフたちの関係を書き残しています。イギリスやフランスの首脳と話し合いをする時に、ウィルソンは本当に一人だったので、側近におかしな人がいたわけでもありません。これがスターリンならラヴレンチー・ベリヤだの、毛沢東なら康生《こうせい》だのといった狂気で有名な側近がいたりするのですが、ウィルソンの場合は本当に本人が一人で狂気の人なのです。話がまとまっていないのは、ウィルソンがおかしなことを言うからで、スターリンや毛沢東と違って本当に一人の責任なのです。

さらにウィルソンは、自分が不在中にハウスが英仏と組んで、国際連盟を握りつぶそうとしているのではないかとの猜疑心に取り付かれます。八年間、誰よりもウィルソンの身近で尽くしてきたハウス大佐ですら、ウィルソンの思い込みには勝てませんでした。

ウィルソンは、連盟規約を含まない予備的講和条約締結の合意を全否定します。アメリカへ一時帰国した際、議会からも国際連盟に反対されているため、国連規約を含まない講和条約など持って帰ろうものなら、すぐにでも議会で批准されます。それでは困るので、ここまでの決定を廃棄します。

さらにウィルソンは、ドイツ・オーストリア・トルコとの同時講和を言い出します。これは、イタリアがハプスブルクに取られたものを全部寄越せ、と言っていたからです。イタリアが勝って軍事占領しているならともかく、返り討ちに遭って負けたのに主張だけはしています。ただでさえトラブルメーカーの国のくせに数合わせで大国扱いしたら、調子に乗っています。そこにウィルソンがさらに驚愕の提案を持ち出す。会議が引っ掻《か》き回され、まとまらない時に、日本はサイレント・パートナーです。

日本の全権代表の西園寺は、ちょうどウィルソンが会議を紛糾させる直前、三月二日に到着したところです。五大国のはずなのに、もうこの時点では英仏米の実質三国で会議が進んでいます。さらに、日本がアジア問題で発言しようとすると、ウィルソンが中華民国代表を呼んで来て混乱に拍車をかけます。

ちなみに、これを優秀なチャイナロビーの仕業との陰謀論で語る人がいますが、当時の中華民国にそんな工作力はありません。ウィルソン個人の嗜好《しこう》に無能な日本（主に牧野）が振り回されっぱなしなだけです。

三月下旬に差し掛かっても、連日の英仏米による三者会議は、まとまりません。この頃にはウィルソンがハウス大佐まで遠ざけていたので、ウィルソンは一人で首脳会議に臨んでいたうえ、ハウス大佐も情報が摑めずにいます。ハウス大佐はクレマンソーに様子を聞きに行きますが、クレマンソーいわく「すばらしかったよ。われわれの意見が一致したことは一度もなかった」と皮肉を漏らす有様でした。ウィルソンは補佐や記録係さえ置かず、英仏の立ち位置が把握できなかったため、会議の駆け引きについていけませんでした。ウィルソンの目的である国際連盟創設は、英仏に二の次にされてしまいます。

思うようにならない環境に、ウィルソンは体調が悪化します。動脈硬化に脅かされ、持病の消化不良や頭痛、神経炎に加えて、前立腺肥大にも悩まされるようになっていました。フロイトは、「ウィルソンの精神生活は、現実から離脱しはじめていた」と表現しています（前掲『ウッドロー・ウィルソン』二八五頁）。まだ離脱していなかったのですか？　フロイト先生、その分析は甘いと思います。

そんな三者会議の最中、クレマンソーがようやく真実に気付きます。「彼は、人間を改革するために地上に降り立った第二のイエス・キリストのつもりでいる」と（前掲『ウッドロー・ウィルソン』二八九頁）。さすがクレマンソー、フランスの虎。

ところがウィルソンは、クレマンソーの言を賛辞と受け取りました。ウィルソンは、クレマンソーの改心はまだ可能ではないかと考えてしまいました。

四月に入っても会議の終りが見通せないため、アメリカが席を立って帰国する可能性が取りざたされました。英仏が天文学的な賠償金をドイツに負わせることを押し通し、「勝利なき平和」に反するどころか、将来に禍根を残すとの懸念が生じたからです。ケインズはドイツに過大な賠償を背負わせたことを批判する立場で、この時のアメリカ大統領が持っていた経済的な圧力があれば、席を蹴って帰ることで、あるいは賠償について一定の成果が出せたかも知れないのに、という書き方をしています。

しかしケインズはしょせん真人間。ウィルソンが何を考えていたかを、まるで理解していません。ウィルソンは二者択一の選択に悩んでいました。会議を蹴って、キリストであることを放棄するか否かです。ウィルソンは自分がキリストであることを証明するために、会議に参加しました。会議が成立して国際連盟を創設しなければ、自分がキリストではなかったことになります。ウィルソンの答えは一択です。もちろん、英仏案に賛成しました。ここでドイツには可哀そうだがとか、ドイツを犠牲にしたとかの意識はありません。ドイツなど、視界に入っていないのですから。

ウィルソンが悩んでいた四月上旬は、スペイン風邪の流行期でもありました。今で言う、インフルエンザの世界的大流行です。死者数は世界中で二千五百万人と推定され、一九一八年の春から夏にかけて、ヨーロッパの戦線でも感染が拡大していました。第二波、第三波と流行期があり、そのうちの一つがこの時期です。ウィルソンが罹患《りかん》して寝たきりになってしまったため、帰国の話が現実味を帯びます。ハウス大佐は、米英仏伊の四者会議でウィルソンとのつなぎ役に入ります。ウィルソンに疎まれながらも、涙ぐましい働きぶりです。

ハウスは、イギリス案を妥協案として提案します。ようやく、会議がまともになりそうです。イギリス案をアメリカからの提案にしたのは、英仏が困るからです。イギリスやフランスは、そんな妥協を提案したとは言えないので、アメリカなり日本なりに言ってほしいのです。しかし日本が我関せずのサイレント・パートナーなので、ハウスに頼むしかないのです。

ここで日本が調停に加わらなかったのは、全人類に対する罪です。

原敬首相や内田外相、全権代表の西園寺、牧野は、公式に謝罪しなければいけないぐらいです。ここに挙げた四人、全員が外務大臣や外務次官、大使や公使を経験した外交官です。明治以来、岩倉使節団や鹿鳴館外交のような例外的な躓《つまず》きはあっても、日本が外交音痴と言われることはありませんでした。ところが、ハウス如きアメリカ人にすら劣る無能ぶりです。かえすがえすも、石井菊次郎さえ、ここに居たらと涙を禁じ得ません。

紛糾を重ねた会議も、ウィルソンが寝込んだことで、ようやく妥結に向かって動き出しました。四月十一日、国際連盟規約にモンロー主義補則を追加する修正が承認されます。アメリカ国内、特に南北アメリカ大陸への干渉を嫌う勢力への配慮です。アメリカ人の多数派は、国際連盟ができてアメリカの行動が制約されるのを嫌っていましたから、連盟がアメリカのモンロー主義を尊重する強制力を持たせようとしたのです。ハウス大佐が頑張りました。ウィルソンに疎まれようと、御主人が求める連盟創設とアメリカの加盟を実現すべく、忠犬の如く働いたのです。

そんな中、ロイド・ジョージが「ウィルソンは会議を停滞させている」という記事をわざとタイムズに書かせます。いい加減、ハウス大佐も頭にきていて、何度も怒って席を蹴ったりもしているので、ロイド・ジョージ流の駆け引きです。タイムズの記事は、ハウス大佐の努力で交渉がまとまりそうだ、という書き方をしていたため、それを見たウィルソンは激怒、ハウスとの間に決定的な溝ができます。

ところで、後日協議となっていた人種平等条項は、日本政府も「これだけは積極的に通しに行け」と訓令していました。そこで日本の代表団は、三月いっぱい各国代表との内交渉に努めます。強硬に反対したのがオーストラリアのウィリアム・ヒューズ首相です。英領オーストラリアは、強烈な人種差別である白豪主義を掲げています。ロイド・ジョージはそこまで反対ではなかったのですが、オーストラリアの強烈な働きかけで徐々に変心します。

日英同盟があるのに、なぜ同盟国に喧嘩を売る真似をしたいのか、さっぱりわかりません。もっと他に大事なことがあるのに。

牧野はフランスやカナダの協力で説得を進め、四月十一日、国際連盟委員会の議題とすることまで漕ぎつけました。前回と異なり、イギリス以外は概ね理念として入れるのは良かろうと賛成に傾きます。中華民国代表も賛成しています。採決すると十六人中、十一人が賛成、五人が反対でした。多数決なら決まりです。

ところがそこで、議長のウィルソンは「全会一致が原則だ」と言い出します。牧野は「これまでも多数決で決まったことがあった」と反論し、他の出席者も「連盟所在地をジュネーブにするのも多数決だった」と援護するのですが、ウィルソンは頑として聞き容れませんでした。牧野は「日本はその主張が正当であると信ずるので、機会あるごとにこの問題を提起せざるをえない。また今夕の自分らの陳述および賛否の数を議事録に掲げるよう希望する」

と述べるにとどまります。牧野は、四月二十八日の総会で強引に採決に持ち込むよりも、日本の提案の趣旨を記録に残しておいた方が良いと、総会演説を行いました（前掲『日本外交史12　パリ講和会議』）。

　そもそもこんな問題に狂奔することの是非は本国の決定なので、牧野一人に責任を負わせることはできません。しかし、交渉の仕方は牧野一人の無能に帰します。ウィルソンが「何をしでかすかわからない人物」と想定できなかったことも愚かなら、その後の中途半端な負け惜しみの態度は、さらに愚かです。

　日本が提案した人種平等条項は多数決で勝ったにもかかわらず、病人のウィルソンが議長権限を振りかざして否決し、一か月あまりにわたる代表団の努力とともに葬られてしまいました。この話を「日本が人種平等を国際社会で初めて堂々と主張した！」などと美化する気が知れません。こうした上司の無能に怒った松岡洋右など、外務省を辞めているのです。松岡洋右は日独伊三国同盟を結び、国策を誤ったので指弾しかされない外交官です。

　昭和初期、唯一の元老となった西園寺や「重臣ブロック」の頂点と目された牧野に、松岡は批判的な態度を繰り返します。外交史では常識的な西園寺や牧野に対して、頭のおかしい松岡が国を誤ったとされることがほとんどです。実際に松岡の在野の言論や外相時代の行動は批判されてしかるべきでしょう。しかし、松岡に対してあまりに酷な評価も多く、西園寺や牧野の無能と怠惰、絶望的なまでの経綸の欠如も同時に批判しないと、公平を欠くでしょう。

問題の人種平等案否決です。何が問題って、日本は勝っているのです。それを気の狂ったウィルソンが、否決だとか言い出しただけです。日本の勝ちを認めないなら、その裁定自体をぶち壊せばいいのです。それを議事録に留めるのが大人の態度など、負け犬根性炸裂です。

ここで、たとえば西郷隆盛が日本代表なら、

チェスト！

と絶叫して、ウィルソンを脅したでしょう。そして、「そんな不正を押し通すなら、講和会議も国際連盟も勝手にやれ、知らん！」と憤然と席を立ったでしょう。実際、征韓論争の時、西郷のあまりの剣幕に怯えた太政大臣の三条実美は、失神失禁して、危篤状態に陥って

います。ここで牧野に大西郷の気迫があれば、人類史を変えた「チェスト」として、いまだに名外交官として語り継がれたかもしれません。

牧野は一応、薩摩人です。「チェスト」の一つも習っておらんのか。いったい、どういう育ち方をしたのか。親の顔が見てみたい。

←こちらです。

大久保利通

私が『日本史上最高の英雄　大久保利通』（徳間書店、二〇一八年）を上梓した時、「まるで大久保が乗り移ったようだ」とのお褒めの言葉を戴けました。だからこそ、バカ息子牧野のバカエピソードは書けませんでした。

牧野は養子に行っているのですが、大久保からは可愛がられ、これからの時代は語学と最新の知識が必要だと考えた父にアメリカ留学をさせてもらっています。実際、牧野の回顧録を読むと、かなりの秀才です。しかし、お勉強ができるのと国を導くのは、まったく違った能力なのだと痛感させられます。

日本が人種平等を言い出して、勝っているのにウィルソン議長の横暴で負けを認めた、講和会議全体の中ではマイナーエピソードにすぎません。

その他、諸々の問題が妥協されていき、日本はドイツから山東省を獲得します。会議参加の目的は達しました。東京の原首相や内田外相も、満足です。

四月十四日、ウィルソンとは関係なく、ドイツ政府が講和条約の受け取りに呼ばれました。この間もハウス大佐とそのスタッフが重宝されているので、ウィルソンはハウス大佐の裏切りだと解釈します。

講和会議がこの有様なので、ドイツも批判的です。皇帝は亡命し、革命（と呼ぶのもおこがましい単なる混乱状態のドサクサ）で、ドイツは共和国となっています。憲法制定の地からワイマール共和国と呼ばれます。そのドイツのエーベルト大統領からも批判され、ウィルソンは激怒します。逆切れ甚だしい。

五月中は、イギリス国内の批判を受けたロイド・ジョージの依頼で修正協議が持たれ、ドイツ代表からも修正が要求されて過ぎていきます。ウィルソンはすっかりイギリス人嫌いになりました。あれだけグラッドストンになりたいと憧れていたのに、幻想が打ち砕かれてしまいました。この修正協議中には、率直な意見を言うクレマンソーの姿に好感を持ちます。

六月中旬も過ぎ、会議は最後の詰めに入ります。これまで散々きれいごとを言ってきたウィルソンですが、ドイツが無条件降伏を呑まなければ、連合軍による軍事侵攻を行うことを米英仏三か国で承認しました。これで決まりです。ドイツ国会が講和条約を承認しました。無賠償・無併合からは程遠い講和ですが、ドイツは敗戦国なので泣く泣く受け入れます。

六月二十八日、ヴェルサイユ宮殿・鏡の間で講和条約調印式が行われました。

ウィルソンは、ドイツが講和条約を受け入れても、喜びませんでした。フランスのポアンカレ大統領に八つ当たりです。国家元首の儀礼もどこへやら、晩餐会の招待も断り、周囲は宥めるのに大騒ぎです。この日、帰国後の議会での条約批准を心配したハウス大佐は、ウィルソンに「協調の精神をもって上院議員たちに会うようにすすめた」と日記に残しています。

これがウィルソンとハウスの最後の話し合いとなりました（前掲『ウッドロー・ウィルソン』）。

国際連盟加入否決、ウィルソン倒れる

こんなことで、大混乱は終わりません。

一九一九年七月八日、ウィルソンがニューヨークに帰って来ました。条約を上院に提出したのは、十日のことです。

一九一九年夏は、アメリカ国内各地の都市で人種暴動が多発した時期です。経済は戦後のインフレと投機熱に浮かされ、暴動は首都ワシントンにまで広がっていました。史上最悪のストライキと共産主義が拡大します。

ウィルソンの二期目後半は、禁酒法時代です。一九一七年に全土での飲用アルコールの製造・販売を禁止する憲法第十八条修正が可決され、一九一九年に各州が批准を終えます。本来は、第一次世界大戦下での物資節約を志向し、道徳的な観点から運動が高まったと言われますが、同時に製造禁止の対象外だった工業用アルコールで作られた、粗悪な密造酒が出回りました。これで大儲けしたのが、かの有名なギャングのアル・カポネです。つづく一九二〇年代前半のアメリカは、いわゆる「狂騒の二十年代」と呼ばれる狂った時代です。それでもウィルソンの暴走に対して、批判的な目を向ける程度の良識はありました。

アメリカは移民の国です。ウィルソンの持ち帰った条約は、ドイツ系の有権者を怒らせます。一方、ウィルソンが当初に訴えていた理想を信じた人たちは、妥協の産物だと怒ります。批准を巡っては、アメリカ中で大論争となりました。

上院に条約を提出したウィルソンは、九月から各地でヴェルサイユ条約を賞揚する演説を行います。「人類の希望の比類なき集約」だとか、「諸大国が自国の利益を度外視して結んだ最初の条約」だとか、嘘八百を並べます。

ウィルソンが語るドイツの戦争目的も、行く先々で言っていることが変わります。ヴェルサイユ条約を「戦争に対する九九パーセントの保証」だと呼び、最後には**「偉大な国民がこの夢に呼応し『ついに、世界はアメリカが救世主キリストであることを知った！』と叫ぶ光景を見て心をはずませております」**とまで言ってのけます（前掲『ウッドロー・ウィルソン』三四五頁）。

サンフランシスコでは**「偉大なアメリカ軍の記憶に捧げられつつある栄光、それは、アメリカ軍が、単にドイツ軍を征服しただけでなく、世界平和のために征服したということであります」**と述べ、ロサンゼルスでは**「われわれは、人類のために、われわれ自身をいけにえとして捧げたいと思ったのであります。わが市民諸君！　これこそ、われわれがこれからな**

そうとしていることであります」と絶叫するのです。そして、条約に反対する人たちに向けて**「全世界は、彼らを聖戦の兵士と認めました。（中略）彼らの犠牲を無にしないことがわれわれに残された道徳的義務である（中略）世界の解放と救済はこの決断にこそかかっている」**と泣きます（いずれも前掲『ウッドロー・ウィルソン』）。

そして、九月下旬に激しい頭痛と失明に見舞われ、侍医は遊説にドクターストップをかけますが、ワシントンに帰着した九月二十八日朝、ウィルソンは浴室で倒れてしまいました。動脈硬化症により左半身麻痺となり、生死の境をさまよいます。任期終盤、少しずつ体調が回復していきますが、この間の大統領職を事実上ウィルソン夫人が代行していました。

十一月六日、上院外交委員会は条約に対する十四の留保条件を連邦議会に提出しました。共和党に所属する外交委員長のヘンリー・ロッジは政敵です。ウィルソンは留保について共和党の切り崩し工作も行いますが、十一月十九日、上院が留保無しの条約批准を否決しました。翌一九二〇年三月十九日、今度は留保条項を含めた条約批准も否決されます。

五月二十七日、連邦議会は対独終戦を決議しますが、ウィルソンは拒否権を行使しました。本人は駆け引きのつもりです。二期目も残すところ半年ほど、大統領選挙の年です。年末、よせばいいのに、ウィルソンにはノーベル平和賞が贈られます。

ウィルソンは退任から三年後の一九二四年一月末に病状が悪化し、二月三日に死去しました。大きな歴史の流れで見れば、ウィルソンは第二次世界大戦での日米開戦につながる呪いの種を残して、その人生を終えました。

継いだハーディングも無能だった

一九二〇年十一月二日に行われた大統領選挙は、記録的な大差で共和党の勝利に終わりました。選出されたのは、第二十九代大統領のウォレン・ハーディングです。オハイオ州の「マリオン・スター紙」の社主から政界に進出しました。

ウィルソンは翌一九二一年三月四日に退任し、大統領交代です。

二十世紀以降では、ハーディングは史上最低の共和党大統領です（倉山調べ）。前任者があまりにも酷《むご》すぎるので目立たないだけです。

ハーディング大統領は、任期一年目の一九二一年十一月から翌年にかけて、ワシントン会議を開催した人です。ウィルソン政権から、日米間の懸案だったヤップ島問題を引き継ぎます。

ヤップ島は太平洋北西部、カロリン諸島の西側の島です。第一次世界大戦前は、マーシャル諸島、カロリン諸島、マリアナ諸島がドイツ領でした。特に、ヤップ島にはドイツ海軍の通信中枢基地が置かれていましたが、第一次開戦当初に日本がドイツ東洋艦隊を追い払ったので、講和会議でこのエリアは日本の委任統治領となります。

アメリカは日本の委任統治を黙認することになりますが、ヤップ島だけはウィルソンが強硬に反対します。南洋群島の非武装化と、島民はじめ現地の人々に対する軍事教育を防衛以外禁じろと言い出し、要塞化するなとしたのです。ウィルソンがいわゆる「民族自決」を盾に、旧ドイツ領の扱いを日本などの領有ではなく、委任統治に頑なにこだわったことも関連します。

ちなみに、倒れてからのウィルソン政権は、夫人と一部の側近だけで運営しました。はっきり言って政治のド素人たちなので、政権運営は上手くいきません。ヤップ島問題での稚拙な対応などが典型です。普通、大統領が倒れて他人が代わりに政治を行えば、バレるものです。余人を以って代えがたいから大統領をやっているのですから。しかし、ウィルソン自身が極めて無能、宗教がかった狂人でした。ヤップ島問題なんて、ウィルソンが主導したと、世界中の誰も疑わなかったのです。

アメリカ政府は、議会がヴェルサイユ条約の批准を拒否したため、日本の南洋統治に口を挟む余地がなくなりますが、大統領選も終わった一九二〇年十二月、「国際通信上の重大な影響」を理由に、アメリカ政府はヤップ島の国際管理の提案を日本に送ります。ウィルソン退任直前の一九二一年二月には、同じものを国際連盟理事会に送りつけてきました（前掲『第一次世界大戦と日本海軍』）。

ウィルソンは翌一九二一年三月四日、大統領を退任します。退任後はアーリントン墓地での記念式典出席や、小論文の発表、休戦記念日のラジオ演説があったくらいで、目立った活動はしていません。

ウィルソンの懸案を引き継いだハーディングは、ワシントン会議を経た一九二二年二月十一日、日本と「ヤップ島に関する条約」を締結することとなります。アメリカはこの条約によって、日本による要塞化の禁止や、通信を理由にヤップ島へ自由に接近すること、アメリカ人の居住、財産権、布教の自由を認めること、通信に対する課税の禁止といった、日本の領有権を認めないという当初のウィルソンの主張を実現しました。ワシントン会議では、日英米の海軍軍艦比率をめぐる争いになります。対日戦争になった場合に日本軍がヤップ島を押さえに来るのが必定のため、アメリカ海軍が「日本の二倍の兵力が必要だ」という結論を出したからだといいます。

第一次世界大戦の講和会議は、第一次世界大戦後のヨーロッパの秩序を決める会議でした。ナポレオン戦争後のヨーロッパの秩序を決めたウィーン会議では英露独仏墺が大国でしたが、ロシアとドイツが離脱し、オーストリアのハプスブルク家が永遠に大国の枠から弾き出されます。代わりに大国の枠に入ったのが日本、アメリカと、名ばかりイタリアです。

日本とアメリカは、非ヨーロッパの国です。従来の「ヨーロッパと、大西洋を挟んだ対岸のアメリカ大陸（と太平洋の植民地）の秩序」は、第一次世界大戦を経て太平洋まで広がりました。ハーディングは、第一次世界大戦後のアジア・太平洋の新秩序を話し合おうと、ワシントン会議を招請したのです。

ワシントン会議に招かれたのは、日本、イギリス、フランス、イタリア、そして主催国のアメリカです。実は、ヴェルサイユ会議と同じ国が、ワシントン会議の五大国です。フランスとイタリアが沈むところまで沈んでいてお呼びではなく、日英米だけで話し合っている構図なのでわかりにくいのですが、ワシントン会議は、実はヴェルサイユ会議のアジア太平洋版なのです。

かくしてハーディングは、日本とイギリスに挟み撃ちにされるという妄想のもと、ワシントン会議で日本とイギリスの同盟関係を切りに来ます。

一九二一年十一月十二日、ハーディング大統領の招請に応じて、ワシントン会議が開催されました。会議の期間は、翌一九二二年二月六日までのおよそ三か月です。

ワシントン会議で決められたのは、大きく三つです。四か国条約、九か国条約、五か国条約です。

ひとつ目の四か国条約は、日英米仏の四か国がアジア太平洋の秩序に責任を持ちましょう、という何の意味もない条約です。結論から言うと、この条約は日英同盟を廃止するためだけの目的です。ハーディングには、日英米で連帯するという考えはありません。アメリカの国防は、日英に挟み撃ちにされなければ安泰だ、だから日英間の同盟関係が無ければよいという単純な考え方です。

二つ目は、九か国条約です。日本、イギリス・アメリカ・フランス・イタリア・ベルギー・オランダ・ポルトガル・中国が調印しています。調印した中で、仲間外れの国が一つあります。「中国」です。

これは「九か国条約」という名前が間違いです。支那の主権尊重条約などと色々な言い方で言われるのですが、「中国」を除いた八か国が「中華民国が普通の主権国家になることを見守ってあげよう」条約なのです。当時の中国には、主権国家として条約を結ぶ能力はありません。条約は、国内に対する強制力を持った政府が自国民にも守らせることを前提に、対外的に結ぶ約束事だからです。この当時の「中国」など、武力抗争で誰が（あるいは何が）「中国」を代表しているのかも確定していない中、アメリカの大学を出ている顧維鈞が全権代表として参加しました。顧維鈞は、第一次大戦中の寺内正毅内閣が支援した段祺瑞と対立した一派です。アメリカは、軍閥割拠状態で当事者能力ゼロの中国を「国家」として扱います。それを、日本は唯々諾々と受け入れてしまいました。

フランスのブリアン外相などは会議中に「支那とは何ぞや」とおちょくり出しました。しかし、それだけです。中国に肩入れするアメリカに嫌味を言ってみたかっただけです。ブリアンは当時の外交界の長老で（後の満洲事変では、特に招かれて国際連盟議長に就任する）、発言力があります。日本がヴェルサイユ会議でフランスやイギリスを助けてアメリカを掣肘していれば、ワシントン会議の流れも変わったでしょう。

一番揉めたのは、ワシントン海軍軍備制限条約です。別名「五か国条約」です。五か国とは、英米日仏伊の五大国です。五か国条約は、五大国の海軍が保有する主力艦の総トン数による比率を定めたものです。空母、潜水艦、巡洋艦など、艦艇の種類別に細かく話し合われましたが、全体としては英米5、日本3、仏伊1・67の比率で軍艦を保有すると定められた条約です。当時、軍艦海軍力は大国の象徴です。だからこそ、帝国海軍は交渉で比率にこだわったのですが、この交渉結果に日本の少なからずの人が「英米が日本を支配しようとしているのだー！」などという陰謀論にハマってしまいます。「対米六割」を屈辱と感じ、「次の会議では対米七割だ！」が国是と化してしまいます。

しかし、日本以上に悲惨なのは、英仏です。

この条約でフランスとイタリアは、海軍力に関しては日本以下の小国の扱いです。後にイタリアのベニート・ムッソリーニは、フランスと並んだとはしゃいでいるのですが、そういう志の低い話は放っておきます。重要なのは、軍縮条約でフランスが決定的に小国として扱われていることです。

もうひとつ重要なポイントは、「七つの海」を支配してきたと言われてきたイギリスが、アメリカに海軍力で並ばれたことです。イギリスの海軍力の指針は「二国標準」といわれていました。イギリスが海軍力第一位で、その規模は第二位と第三位の国を合わせた海軍力を凌駕するものでなければならないという考え方です。そうでなければ、イギリスの通商ルートは守れないとして、「パクス・ブリタニカ」（イギリスによる平和）を支えました。

二国標準は建前で、本当に守れたことは少ないのですが、五か国条約ではアメリカに並ばれます。細かな数字を見れば、アメリカが第一位です。日本では「米英が組んで日本をイジメる」という妄想が流行しますが、頓珍漢にもホドがあります。イギリスからしたら、アメリカなど旧植民地です。そのアメリカに並ばれた五か国条約はイギリスからすれば、下足番に格下扱いされる屈辱的な条約なのです。

イギリスは、「アメリカが日英同盟を切ってほしいみたいだけど……」と日本に持ちかけました。もちろん「これは断ってね」という意味です。ところが、日本には幣原喜重郎という大バカ者がいて、「そちらが同盟を望まないなら、やめましょう」と、本当に呑んでしまいました。その結果、日本はイギリスと二十年続いた武士道と騎士道の同盟を、弊履《へいり》のごとく捨てられたと怒ります。女子高生の「友達だと思っていたのに!」レベルの恨み言です。

かくして、日英米は不信の三角関係に陥ります。

これによって最も得をしているのは、ソ連です。革命干渉戦争で、日英米仏は交戦国です。その内、上位の三大国たちが勝手に喧嘩してくれている。笑いが止まりません。

ロシア革命干渉戦争当時に日本の首相だった原敬は、とにかくアメリカの言うことは全部聞く人です。原は寺内内閣の時代から、衆議院第一党総裁として対外政策に影響力を発揮しています。アメリカが出兵するなと言えばしない。来いと言えば行く。兵力数を制限しろと言えば従う。つまり日本の国策をウィルソン追随にした政治家です。

後の内閣でも、高橋是清首相は原敬内閣の閣僚ですし、内田康哉は原敬内閣の外務大臣でした。外交は、対米追従の原敬内閣の路線を継いでいます。途中で内閣が交代しても、何があろうともアメリカの言うことを聞く路線です。それまでの日英同盟を基調とする親英路線は、親米英路線へと移っていくこととなります。

「親英米」と「親米英」は、重大かつ悲惨な外交路線の変更です。英米一体の反アングロサクソンの立場から見れば、その違いがわからないのが悲劇です。さらに、ハーディングの前任のウィルソンが酷すぎるのでわからないのですが、後継のハーディングも相当におかしい人です。当時の日本人からすれば、民主党のウィルソンだろうが、共和党のハーディングだろうが反日である。こうしてアメリカは反日であるとの意識が、強烈に刷り込まれました。

ワシントン会議から十年、唯一の元老となる西園寺公望、内大臣として重臣の頂点に位置する牧野伸顕、そして対米英協調外交を長く外相として推進する幣原喜重郎らが、エスタブリッシュメントとして支配しますから、反発が強くなるのです。昭和期に反米勢力が強くなった遠因です。

ソ連では、一九二四年一月にレーニンが病死すると、スターリンが指導者となります。スターリンが地球上にもたらした惨禍は、言うまでもないでしょう。それもこれも、ロシア革命干渉戦争で、ウィルソンがレーニンに止めを刺していれば起きなかった悲劇です。

また、日本に直接関係することでは、ウィルソンが民族自決を煽ったために、大日本帝国の版図だった朝鮮半島で三・一運動が起こり、中華民国でも五四運動で反日デモが拡大します。しかし日本は、まだマシです。

ウィルソンの「十四カ条の平和原則」が直接的に引き起こしたのは、オスマン・トルコ帝国の解体とハプスブルク帝国の八つ裂きです。

オスマン・トルコ帝国の最大版図に一部でも含まれたことのある地域に位置する国を数えると、二〇二〇年時点で約四十か国にもなります。列挙すると、トルコ共和国を中心に、キプロス、アルジェリア、チュニジア、リビア、エジプト、イスラエル、ヨルダン、スーダン、エリトリア、ジブチ、エチオピア、ソマリア、イエメン、サウジアラビア、シリア、レバノン、イラク、クウェート、イラン、アゼルバイジャン、ジョージア、ウクライナ、モルドバ、ルーマニア、ブルガリア、ギリシャ、アルバニア、北マケドニア、セルビア、モンテネグロ、ボスニア・ヘルツェゴヴィナ、クロアチア、モンテネグロ、コソボ、ハンガリー、チェコ、スロバキアといった国々です。バルカン半島を抱え、地中海沿岸のアフリカ北部か

旧オスマン・トルコ領

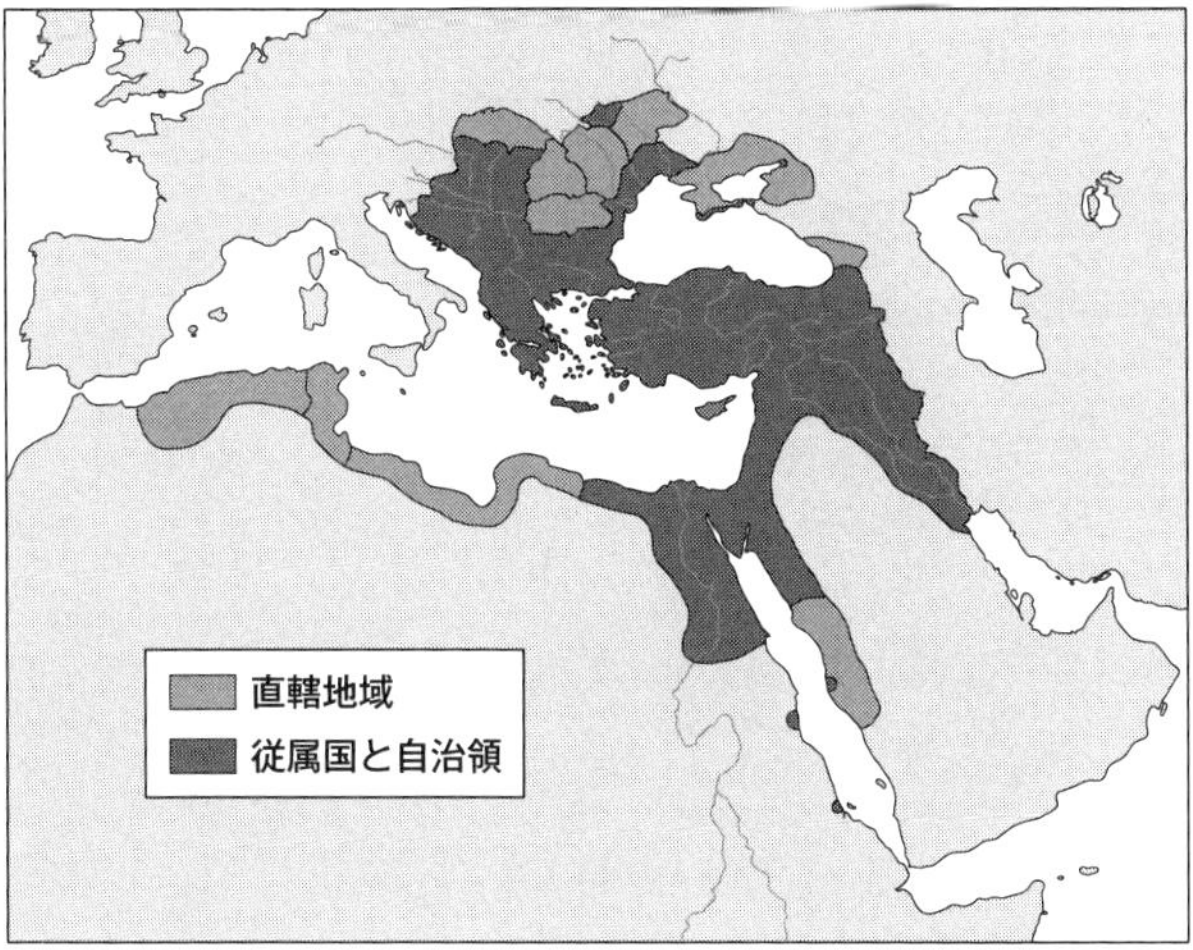

1918年のハプスブルク（オーストリア＝ハンガリー）帝国領土

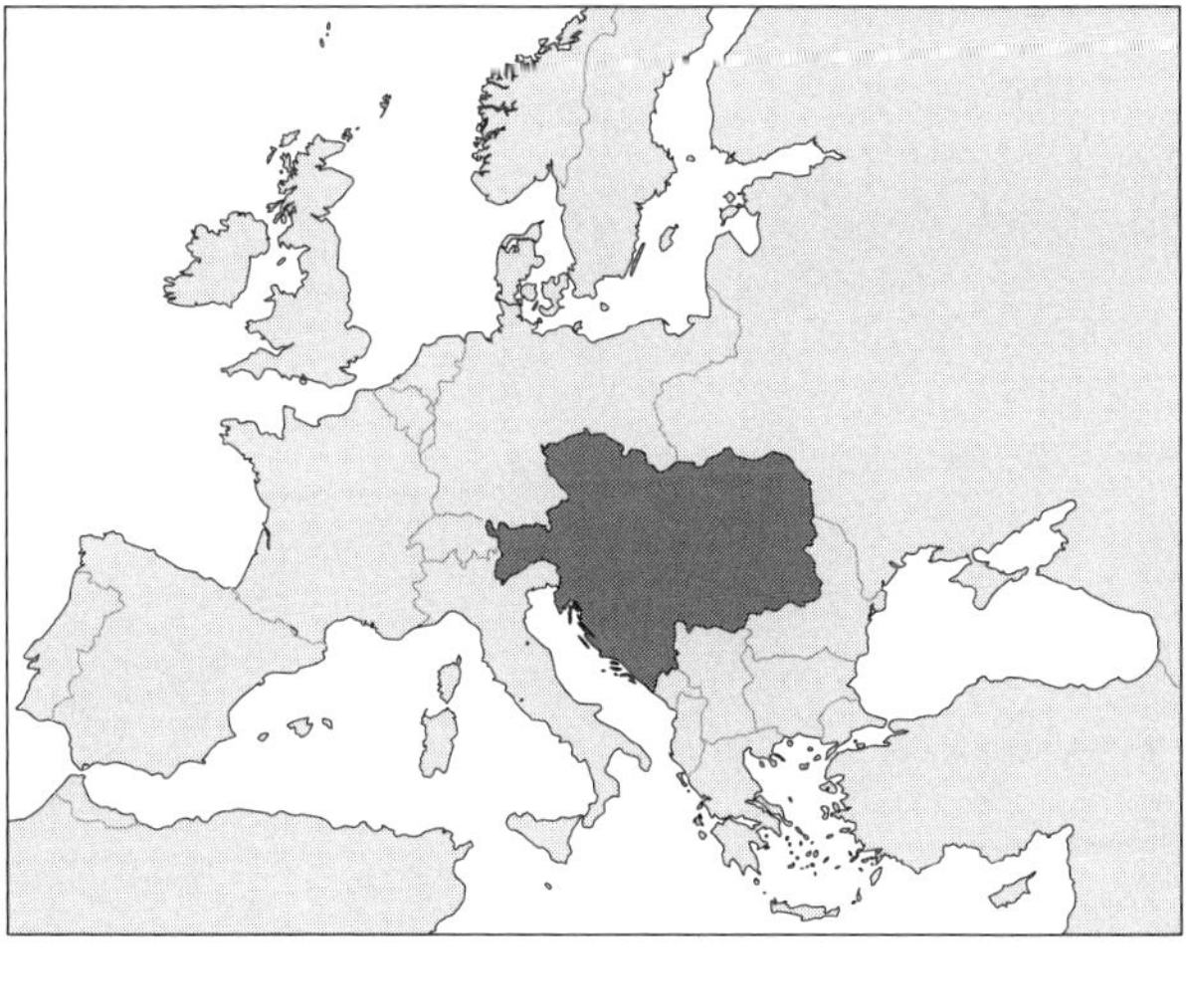

ら中東、イスラム世界、カスピ海にまで広がっています。

見事なまでに紛争地域だらけです。

ハプスブルク帝国は、四分の一の領土に縮小されました。以後のオーストリアは小国として生きていて、ハプスブルク帝国の栄華は過去の遺物です。オーストリアに喧嘩を売ったセルビアは、モンテネグロなどと一緒になって、「セルブ・クロアート・スロベーヌ王国」を建国します。直訳すると、「セルビア人・クロアチア人・スロベニア人の王国」です。国名からして民族紛争を抱えている国です。長すぎるので、ユーゴスラビア王国に変えました。戦間期や第二次世界大戦において、周辺諸国も巻き込んで激しい角逐を続けます。一九九〇年代になっても悲惨な民族紛争を続けていたのは、記憶に新しいでしょう。

バルカン半島だけでなく、東欧諸国もハプスブルクの軛《くびき》から離れました。ハンガリー、チェコスロバキア、ポーランドです。

この中でウィルソンに感謝している数少ない国が、ポーランドです。ポーランドは十八世紀後半から五年間で三度にわたる分割の末、世界地図から消えてしまった国です。以後の百二十三年間、独立運動をやり続け、一九一八年にようやく回復しました。回復したらしたで、そこから糸の切れた凧のようになり、国際連盟では超問題児です。連盟の常任理事国にしろと滅茶苦茶を言い出して、すべての周辺国と揉め事を起こします。一九三九年、第二次世界大戦が始まってすぐにドイツとソ連に東西から進攻を受け、再び分割されますが、その直前にはスターリンに「いい加減にしろ」と言われてしまうほどです。

独ソによるポーランド再分割の時、ドイツはアドルフ・ヒトラーのナチスドイツですが、ナチスによるチェコスロバキア分割の時にも、周辺の小国が「自分にも領土を寄越せ」とヒトラーに言い出して、東欧諸国のバルカン半島化が始まってしまいました。それも、ウィルソンの唱えた「民族自決」を旗印に、なまじっか独立などというものを与えてしまったためです。

東アジアの五・四運動や三・一運動だけではなく、エジプトやインド、アルジェリアなど、世界中の英仏植民地で独立運動が起こりました。十四か条では、日英仏の三大国が同時に狙い撃ちされているのです。三大国はさすがに抑え込みますが、禍根を残します。

ドイツに課せられた多額の賠償金は、それ自体が紛争要因でした。ヴェルサイユ条約の際は、戦勝国の国民が納得しないので、復讐として押し付けました。しかし、払えないものは払えません。少し冷静さを取り戻したところで、平和への試みがなされるようになります。

一九二五年にロカルノ条約が結ばれ、英仏独とイタリア、ベルギーが国境線の確認を行いました。ドイツにベルギーやフランス、ポーランド、チェコスロバキアとの紛争を平和的に解決することを約束させようとして、一時的には安定をもたらすことができました。当時から「相対的安定」と自嘲されています。あくまで弥縫策です。その取り繕いは一九二九年の大恐慌で崩れます。

ドイツはヴェルサイユ条約で国家経済が崩壊するほどの賠償金を課せられて、そもそも不満があったのです。講和条約締結から十四年間にわたり、ドイツ経済は回復できませんでした。

ハイパーデフレに見舞われたドイツ人は、救世主を求めます。

そんな時に現れたのが、アドルフ・ヒトラーです。

ヒトラーが登場して、ようやく経済が回復します。そのヒトラーが軍拡を始めた時、イギリスやフランスには制裁する力がなくなってしまっていました。イギリスやフランスもまた、第一次世界大戦の戦費その他をアメリカから借りまくったからです。ドイツが賠償金に苦しんだのと同様に、英仏も借金をアメリカに返すだけでも大変なのです。

よく、一九三六年三月七日、ドイツがラインラントに進駐した時に英仏が本気で対応したら、第二次世界大戦は起こらなかったのではないかと言われます。これは、恐らくできなかっただろうと言える理由が二つあります。

ひとつは、当時のイギリスやフランスの世論がパシフィズムに侵されていたことです。現在の日本の「憲法九条を守れ！」のような、理屈がどうでもとにかく戦争は嫌だという状態です。もうひとつは、世論がこうした状況の中で、ドイツ軍もずば抜けて強かったわけではないのに、イギリスやフランスは、そのドイツ軍を制裁できる軍事力すら持っていなかったことです。

世論に背中を押されて復讐が止められなかった第一次世界大戦の講和、世論が戦争を忌避するゆえにナチスやソ連を止める力を持っていない戦後、力を持っていたのに活かせない首脳だらけの日本、力を持っていたのに狂人が考えたことを踏襲したアメリカ、結果的に色々な理由から、第二次世界大戦は起こるべくして起こった悲劇ではなかったか。

第二次世界大戦の勝者は、まずスターリンであり、毛沢東であって、地球の半分が共産主義国家になりました。世界中のロクでもない独裁者だけが幸せになったのです。そうすると、控えめに言って、人類の九割をウィルソンが不幸にしたというのは、決して言い過ぎではないでしょう。

最後に。

【通説】ウッドロー・ウィルソンは道徳的に優れた偉大な政治家だ。

この真偽は、ここまで読んだ皆さんが判断してください。

終章

ウィルソンを称える人たち

なぜか偉人として扱われるウィルソン

ここまでお読みいただいたように、ウッドロー・ウィルソンは第二十八代アメリカ合衆国大統領です。一九一三年から二期八年、大統領を務めました。人類にとって不幸な出来事ですが、起きてしまった事実ですから仕方ありません。

しかもウィルソンが大統領に就任して間もなく、ヨーロッパで起こった揉め事が拡大して第一次大戦が勃発しました。ウィルソンは、この大戦の講和会議で国際連盟の設立を提唱した人として、世界史の教科書に出て来ます。しかも、偉人の如く。

とりあえず、次の文章をお読みください。

1913年に大統領になった民主党のウィルソンは「新しい自由」を掲げ、大企業を規制する反トラスト法の強化や関税引き下げ、労働者保護立法などを実施した。対外的には、アメリカ民主主義の道義的優位を説く「宣教師外交」を推進したが、内戦状態にあったメキシコに軍事介入したり、14年にパナマ運河が完成すると、その管理権をにぎるなど、中米やカリブ海地域での覇権を確立した。

〈木村靖二、岸本美緒、小松久男ほか六名『詳説世界史　改訂版』三一四頁〈山川出版社、二〇一七年〉〉

1919年1月、連合国代表が集まりパリ講和会議が開かれた。講和の基礎になる原則は、アメリカ合衆国のウィルソン大統領が、18年1月に発表した十四カ条であった。ウィルソンは、ヨーロッパ列強の秘密外交や非民主的な政治を批判し、平和や社会的公平への民衆の願望を受けとめ、自由主義経済のもとで戦争を防止する国際秩序を実現して、ロシア革命の社会主義に対抗しようとした。

〈同『詳説世界史　改訂版』三三八頁〉

はい、嘘です。どこからツッコミを入れたらよいかわからないほど、嘘だらけです。ただ、「新しい自由」「大企業を規制」「労働者保護」「アメリカ民主主義の道義的優位」などと連打されると、なんだか正義の味方に思えてきます。そして、「悪のヨーロッパ」に対する正義の人として描かれています。

ちなみに「宣教師外交」は、世界史用語集で次のように説明されています。

いかなる国もアメリカ的理念に導かれるならば、アメリカのような資本主義・民主主義体制を持つことができると説き、その導きを提供するのがアメリカの使命であるとした。この考えは、現代アメリカ外交に大きな影響をおよぼしている。

（全国歴史教育研究協議会編『世界史用語集　改訂版』山川出版社、二〇一八年）

これを読んだだけでも迷惑な奴としか言いようがないのですが、「ウィルソンは正義の味方」などと刷り込まれた後に読むと、「宣教師外交」は何だか素晴らしいことをしたように思えてきます。

これは批判する立場でも共有できる評価だと思うのですが、ウィルソンは理想主義者です。ところがウィルソン賛美者は、さんざんウィルソンの道徳的な素晴らしさを説きながら、「中米やカリブで覇権を確立した英雄」として褒め称え始めます。覇権を確立したとは、「暴力で支配した」という意味です。中米でそんなことをする人が、なぜ南北アメリカ大陸以外では急に聖人君子になるのでしょうか。ここの矛盾を教科書はきちんと説明していません。

実際に覇権を確立されてしまった（暴力で押さえつけられてしまった）中米諸国にとっては、ウィルソンなど大迷惑に他なりません。そもそも、中米諸国にとって、アメリカ合衆国こそ迷惑な存在です。

そもそも「なんで、お前がアメリカを名乗るんだ！」ですから。知らない日本人が中南米の人の前で「アメリカ」と言おうものなら、「合衆国のことか？」と急に不機嫌になられた、などという例も多々あります。ちなみに私は「合衆国のことか」と聞かれて、「ええ、メキシコではない野蛮な方の」とお答えしたら、急に笑顔になられたことがありました。南北アメリカ大陸で合衆国と訳すのはアメリカ合衆国とメキシコ合衆国だけです。

それはさておき、「ウィルソンは基本的には外交になど興味がなかった大統領」と聞くと驚く人もいるでしょうか。これはウィルソンに限りませんが、歴代アメリカ大統領は中米やカリブ海地域を「自分の庭」扱いしていました。だから、この地域への関与を「外交」と思っていないのです。本書ではウィルソンの軌跡を追い、この点は少し詳しくお話ししました。ウィルソンも最初はアメリカ大陸限定の迷惑な人でしたが、いつのまにか世界の大迷惑な人になっていくのです。その延長に、現在のアメリカがあるのです。

今のアメリカは世界の覇権国家です。しかし、最初から覇権国家だった訳ではありません。現在のイメージを過去に当てはめては、歴史を見誤ります。特に、アメリカが昔から世界戦略を持っていたかのように思うと、間違えてしまいます。

アメリカが世界一の大国になるのは、まさにウィルソン大統領の時代でした。ところがウィルソンの時代には、それ以前の大英帝国に代わる覇権国家にはなれませんでした。アメリカが名実ともに世界の覇権国家となるのは、第二次世界大戦を待たねばなりません。それがなぜなのかは、ウィルソンの行動を検証すれば見えてきます。

ここで教科書の記述に戻りましょう。ウィルソンを、ロシア革命の社会主義に対抗しようとした力強い政治家として評価をします。ウィルソンは理想主義者だったけど、空想的ではなかったと言いたいのでしょう。

とにかく教科書的には、「ウィルソンは凄い」ということになっています。

第一次世界大戦の講和原則になったと言われる、ウィルソンの十四カ条の原則は、一九一七年のロシア十月革命を指導したレーニンによる「平和に関する布告」と基本部分は同じです。そこに「革命ロシアを助けてあげよう」という条項を付け加えて発表しました。

革命で転覆した帝政ロシアは、第一次世界大戦当時、イギリスやフランスを中心とする連合国の一翼です。ロシアの第一次革命で成立した臨時政府も、当初は連合国からの離脱には積極的ではなかったものの、戦争による国力の疲弊で足場が固まらないまま、レーニンの率いるボリシェヴィキに政権を奪取されます。レーニンは連合国が戦っていたドイツと単独で講和を結んでしまいますが、このレーニンを保護し育てたのが、ウィルソンです。ボリシェヴィキはソ連共産党の前身です。ウィルソンが十四カ条の原則を発表することで社会主義に対抗しようとしたどころか、各国の社会主義者らの運動を助けています。

現在、駐日アメリカ大使館の広報を行っているアメリカン・センターは、ウィルソンの十四カ条の原則について、次のような評価をしています。

「進歩主義」として知られる米国の国内改革の原則の多くを、外交政策に移しかえたものだった。自由貿易、開かれた協定、民主主義、そして民族自決といった考え方は、改革派が20年間にわたって支持してきた内政計画の変形にすぎなかった。

（ＡＭＥＲＩＡＮ ＣＥＮＴＥＲ ＪＡＰＡＮ「米国の歴史と民主主義の基本文書大統領演説」https://americancenterjapan.com/aboutusa/translations/2386/#jplist）

日本の教科書の記述が、この立場に従って記述されているのが、おわかりでしょうか。日本の教科書がそうなるのは、日本人研究者がこの記述と同じ立場だからです。

現代の日本でウィルソン外交が語られる時のキーワードは、判で押したように同じです。自由、民主主義、国際主義、平和です。すべて、素晴らしい理想だとして教えられる言葉で飾られ、称えることが通説化しています。

一例を挙げましょう。高原秀介『ウィルソン外交と日本　理想と現実の間　1913−1921』（創文社、二〇〇六年）を紹介した、Amazonの商品説明文です。高原氏は、京都産業大学国際関係学科教授です。

　ウィルソン外交の最たる特徴は、「自由主義的・民主主義的・国際主義」を標榜し、国内外の政治体制の変革を追求することがアメリカの使命であると見なすことであり、今日では一般に「ウィルソン主義」と呼ばれている。本書は、日米英の外交史料を駆使して、20世紀アメリカ外交に理念的裏づけを与えたウッドロー・ウィルソン政権による対日政策を、アメリカの東アジア政策史の系譜に位置づけながら、4つの重要問題の再検証を通じて、その特質と実態を明らかにしたものである。ウィルソンの対日外交の分析を通じて、現代アメリカ外交の理念的原点である「ウィルソン主義」の可能性と限界を描き出す。

思わず吹き出してしまったので、ご紹介しました。

この紹介文を書いたのが誰なのかはわかりませんが、一般的なウィルソン外交に関する認識です。学界のレベルも、大体こんなものです。

著者の高原さんには何の恨みもないですが、四百頁を越える大著でありながら、同書に登場する歴史上の人物すべてを、真人間として描いています。実に非実証的です。

私は大学院生時代、中央大学の図書館にあるウィルソンと名の付く本は、ひと通り読みました。だから、ウィルソンに関する先行研究には一通り目を通していますし、ウィルソンがどういう人だったのかは頭に入っています。これはウィルソン研究の常識のはずですが、当事者たちはウィルソンや側近に振り回され続けています。その側近もウィルソンに振り回されています。ウィルソンを描く時に、真人間しか登場しないなど、ありえないのです。

ウィルソンを描く時に、彼を真人間として描くなど、非実証的です。はっきり言いますが、人を騙す研究にしかなりません。

おかしな通説を作ったのは誰か？

現在の日本政治外交史の通説は、東京大学法学部で作られていると言っても過言ではありません。学部内に第一類から第三類までの学科が設けられ、そのうちのひとつ、第三類で政治学を扱っています。

東大の講座の継承は一種の徒弟制度のようなところがあり、その講座を受けた学生の中から将来の教授として大学に残る人が決まります。そうした人は、卒業後には准教授（昔は助教授）として研究と経験を積み、師から学説ごと引き継ぐ形で講座の担任教授となります。

東大法学部の政治外交史の講座は、戦前の東京帝国大学時代に吉野作造から始まり、昭和初期に吉野から講座を引き継いだ岡義武、第二次世界大戦後間もなく講座を引き継いだ三谷太一郎という順番で平成まで続きました。三谷太一郎から講座を引き継いだのは、北岡伸一東大名誉教授で、現在は五百旗頭《いおきべ》薫《かおる》教授が教官です。

北岡伸一氏の名前は、平成二十七（二〇一五）年に安倍晋三内閣が出した「戦後七十年談話」の取りまとめで、その名前を耳にしたことがある人もいるでしょう。安倍談話を検討するために設置された私的諮問機関「21世紀構想懇談会」で座長代理を務めた人物です。東大を出た後、二年間のプリンストン大学留学を経て立教大学で教え、東大法学部教授になっています。国際連合次席大使を務め、現在も独立行政法人国際協力機構（ＪＩＣＡ）の理事長と、華々しい経歴と絶大な影響力を誇ります。

平成二十九（二〇一七）年には、若手の研究者が集まって、『戦後日本の歴史認識』（東京大学出版会、二〇一七年）が出されています。編者に名前を連ねるのは、北岡氏の後継者である五百籏頭教授や細谷雄一慶應大学教授らです。

さて、細谷教授殿が執筆した同書の「はじめに」です。

このような書籍を刊行できたのは、何よりもまず北岡伸一教授（現在は国際協力機構理事長）のご指導とご支援ゆえである。北岡教授のご指導を頂いたわれわれが、それぞれの立場でさらに若手の大学院生などの次世代の研究者に知的刺激を提供することが重要な作業だと感じている。（『戦後日本の歴史認識』東京大学出版会、二〇一七年）

「キタオカソンセンニム、マンセー！」

絶叫が聞こえてきそうな文章です。

細谷氏、わずか六ページの「はじめに」で九回も、「北岡」と連呼しています。最初の二ページは自画自賛ですから、実質四ページで九回。一ページ平均で二・二五回も「北岡様」の御尊名を唱え、偉大さを称えているのです。北岡名誉教授、この本の執筆に一切関わっていないのですが、冒頭からいかに北岡氏の貢献があったかが書き連ねられます。そして、彼ら錚々《そうそう》たる学者らの現行の研究と、それに対する東京財団の支援への謝辞の前に、北岡伸一氏への謝辞がまず述べられるのです。

どこの平壌放送かと思いきや、一応は学者が集まって書いた真面目な本の体裁でした。ちなみに「ソンセンニム」とは「先生様」のこと、ハングルにだけ存在する敬語表現です。

この「はじめに」を書いている細谷雄一慶應大学教授は、今を時めく国際政治学者です。舌鋒鋭《ぜっぽうするど》い気鋭の若手国際政治学者が、自分たちの研究がどうこう以前に「偉大なる首領様」と言わねばならないほど、絶大な政治力を持っているのが北岡伸一先生様なのです。

それにしても恥ずかしい文章ですが、読む人が読めば、北岡先生様に逆らったら学界で生きていけないと細谷氏が自白しているようなものです。

そんな北岡氏の著作を追うと、数々の言論と学説の変更が見受けられます。

代表的な例を一つあげると、デビュー作となる博士論文『日本陸軍と大陸政策　1906

－1918年』(東京大学出版会、一九七八年)では、大日本帝国時代の大陸政策や陸軍内部の政争の研究に上原勇作を取り上げています。上原勇作と言えば、第二次西園寺内閣の陸軍大臣で、朝鮮への陸軍二個師団増設問題から大正政変のきっかけを作った人です。

一般的に博士論文というのは、後々まで学者としての土台となる自分の専門研究の集大成です。学者人生の中でも重要な意味を持つものなのですが、北岡氏の場合は五年ごとに思想の一貫性が失われることで有名です。朝鮮に関しても、博士論文では特に併合が悪いことだったというような問題意識は見られないのですが、後には「日本は朝鮮に対して謝罪すべきだ」と言うようになった、思想にこだわりのない人です。

そんな北岡氏が生涯、一貫して変えていない柱があります。ウッドロー・ウィルソンへの崇拝です。

たとえば、昭和六十三(一九八八)年八月の論稿では、国家は利益を追求するもので正義は手続き的・形式的な問題だった古典外交に対して「そこに実質的な正義を直接持ち込むウィルソンの外交は、革命的なものだった」と評価します(北岡伸一「日米関係の受容者から創造者へ――国際ルールへの歴史的責任」、『国際化時代の政治指導』所収、中央公論社、一九九〇年)。この頃の北岡氏、リアリストの学者として売り出していたような気がしたのですが、ウィルソンへの憧憬は抑えきれなかったようです。

一九九〇年代初頭には、日米構造協議でアメリカとの付き合い方が色々と論じられた時にも、ウィルソンを引き合いに出して「アメリカとはそういうものなのだ」という文章を書いています。「アメリカが追求する利益があって、それを理念が覆い隠しているのではなく、結局その理念が実体なのである」として、アメリカの外交にそれ以外の視点がないかのように書いているぐらいです（北岡伸一『日米関係のリアリズム』中央公論社、一九九一年）。

平成二十七（二〇一五）年の「戦後七十年談話」に至っては、北岡史観を元に作成されています。帝国主義よりも国際主義、それを唱えたウィルソンは偉人であり、その理念に「挑戦」した日本は愚かだったから反省しなければ、というものです。

東大法学部の政治外交史が作りだした通説が行きついた典型が、先に挙げた高原秀介氏のような本です。ものすごい数の注釈が付いている本で、日本・アメリカ・イギリスの外交史料を膨大に読んでいるのですが、史料を引き写して「こんなことがありました、やれやれ」と言っているだけの本です。ウッドロー・ウィルソンと関係国を扱うのに、真人間しか出てこない歴史書を書くとどうなるか。たとえるなら、刃物を持って襲ってくる人と襲われた人を対等な真人間であるかのように事件描写を行えば、歴史全体の流れの中で何が起きているかがさっぱりわからないし、実証主義からかけ離れるに決まっています。

狂人をさも真人間であるかのように勝手な歪曲をすれば、それは実証主義ではないのです。そのような似非実証主義が日本近代史の間で蔓延っています。日本近代史の政治外交史のみならず、現代史や法学部政治学科の国際政治学といった隣接分野にも波及しています。その挙句、冒頭に挙げた山川教科書のような記述で、歴史が教えられることになるのです。

これはウィルソン相手に限りませんが、日本の歴史教科書は日本や日本人の悪口は平気で書くのに、外国や外国人の否定的評価は「実証的ではない」として回避します。その態度自体が非実証的なのですが。

吉野作造はウィルソニアン？

ウィルソンの「宣教師外交」の説明を前提として、自由や民主主義といった理念的な外交を支持する人をウィルソニアンとかウィルソニストと呼びます。アメリカの外交方針を四つの類型に分類して、そのうちの一つの呼び方として使われる言葉でもあります。

日本で最初のウィルソニアンと言われるのが吉野作造です。ウィルソンの十四カ条の原則が出された時に、賛成していたからです。同時に、吉野はレーニンの「平和に関する布告」

にも賛成していました。頭の悪い保守の人たちは、これで「吉野は左」と即断します。その元になっているのが西尾幹二氏や中西輝政氏による批判です。西尾氏はドイツ文学者、中西氏は国際政治学者で、いずれも保守論壇の重鎮といわれる人です。

西尾氏の批判は、吉野ら大正デモクラシーの知識人がアメリカの解きがたい敵意を抜きにして、問題を日本の対外政策の誤りに帰結し、自己批判をする「典型的な日本インテリの姿勢」だとか、「欧米の文明に卑屈に膝を屈する分だけ民衆を見下す姿勢で先導者として振る舞い」、その「植民地根性」は進歩的文化人の原型だというものです（西尾幹二『国民の歴史』産経新聞ニュースサービス、一九九九年）。

中西氏の場合は、戦前のキリスト教者の対照として、明治時代の内村鑑三と大正時代の吉野作造を比較し、吉野ら「大正のクリスチャンたち」は日本と西欧が「相互に異なる個別文明」だと見る視点を大きく欠いていたと断じています。そして、吉野ら大正時代の改革派知識人は「普遍的な進歩の徴候として目の前の〝時代の趨勢〟に神の声を聞く思いで、日本の改革を声高に唱えた」と、西欧近代の政治や社会の改革をそのまま日本に持ち込もうとした点を批判しています（中西輝政『国民の文明史』ＰＨＰ文庫、二〇一五年）。

こうした認識をもとに、吉野がウィルソニアンだと断言しているのが西尾氏です。西尾氏は、「事実、日本ではウィルソンの理想に熱烈な支持を表明した人々が論壇にあいついだ。大正デモクラシーのチャンピオン吉野作造は、十四カ条声明に随喜の涙を流した」とまで書いています（前出『国民の歴史』四六二頁）。保守業界では重鎮の西尾氏や中西氏のような人がこれなので、一知半解の保守言論人が勘違いしてしまうのです。

実際には、吉野はリアルタイムで第一次世界大戦の進展を見ています。日本中でおそらくほとんど誰も見ていなかったようなバルカン半島の情勢に着目し、欧州大戦が始まると、その様相を「これは大変なことになるぞ」と思いながら公開情報を追っているのです。

共産主義にしても、吉野の時代の言論界は、そこまでの警戒感はありませんでした。ロシア革命後のアレクサンドル・ケレンスキーを中心とする臨時政府は、一年足らずの間に五回もの政変に見舞われ、第一次大戦の戦況とも相まって国内は安定していません。後年の私たちは、レーニンによる十月革命の後、共産主義が地球の半分を支配して全人類を不幸にする歴史を知っていますが、レーニンがやったことは単なる軍事クーデターです。当時の人たちがそれを「革命」と認識できたかは怪しいですし、レーニンが人民の支持を受けていたとは言い難いですから、いつ滅んでもおかしくない状況がずっと続いていたのです。

レーニンがいかにして生き残ったかは、古典的名著のＡ・Ｊ・メイア『ウィルソン対レーニン』Ⅰ、Ⅱ巻（斉藤孝・木畑洋一訳、岩波現代選書、一九八三年）に詳述されています。また、日本近現代史学家の秦郁彦氏は、その後のスターリンの時代になっても日本に対して、バイカル湖以東のシベリアを渡して許してもらおうという見解があったとしています（秦郁彦『太平洋国際関係史――日米および日露危機の系譜　1900－1935』福村出版、一九七二年）。そのくらい、この頃のロシアは革命と戦争で弱体だったのです。

吉野はレーニンに関しても「平和に関する布告」は褒めていますが、その言論がなされた時代状況を理解しないでレッテル張りをしても仕方ありません。

吉野に限らず日本の知識人の大勢がレーニンに批判的になるのは、一九一八年七月十六日、退位の後に幽閉されていたロシア帝国最後の皇帝ニコライ二世とその一家が従者、馬まで含めて処刑されたことが伝わってからのことです。それ以前の言論は、共産主義者の実態がわからないうちのことですから、無視して良いのです。ニコライ二世一家の惨殺で、頭のおかしい共産主義者以外の真人間は、レーニン讃美から離脱しました。

ちなみに吉野はレーニンやウィルソンだけではなく、第一次世界大戦の和平工作を活発化させたローマ教皇庁のことも褒めています。吉野はプロテスタントですから、バチカンには批判的です。日本の研究者は「キリスト教」でひとくくりにしてカトリックとプロテスタントの違いをまったく気にしませんが、互いにその考え方には批判的です。その吉野が教皇にしろ、レーニンの民族自決にしろ、ウィルソンの十四カ条宣言にしろ、褒め称えたのはなぜか。あまりにも悲惨な第一次世界大戦を止めるためなら、こういうものも必要なのではないか？　と言っていただけなのです。

後になると吉野は、第一次大戦初頭の和平模索の動きに対して、ローマ法王やウィルソンが調停をしようと名乗りを上げたが、何の役にも立たなかったと評しました。吉野は「ウィルソンも結局はバチカンと同じ程度の力しかなかったではないか」という、とても冷めた見方をしているのです。

吉野はウィルソンのような空想的な理想主義者ではなく、徹底したリアリストでした。新聞などで報じられる公開情報を地道に収集して分析しています。よく理想主義者として語られるのですが、違います。明確な理想は掲げますが、現状の権力や自分の名声には興味がなく、その一方で空想にも逃げない人です。理想を実現するために現実をしっかり見据え、事実にもとづく政策論を言う、端的に言えば地に足の着いた常識的な人なのです。

吉野研究は非常に大変です。とにかく、あっちこっちに膨大な著述を残しています。何しろ、書いたものが多すぎて全集が作れないし、全作品日録を作っても抜けがぼろぼろ出る有様です。それどころか、偽物がいっぱいあります。本人が匿名でも書いていますし、偽物が吉野の名前を騙って書いたものすらあります。近代史研究なのに古文書の真贋鑑定のようなことまで必要なので、吉野の意図を通観するのは難しいのです。それでも全体を通して見ると、吉野の言論は客観的で現実的です。

吉野は民族自決に関しても、理屈を先行させて民族の権利を言い過ぎると、人殺しを無限大に拡大させるだけになるとわかっています。第一次世界大戦でヨーロッパが没落し、空白地となったバルカン半島ではウィルソンの理想が実現しました。その結果は、あくなき殺し合いと分裂の連鎖です。ウィルソンは観念先行主義者です。戦争で疲弊しきったヨーロッパに対して、ひたすら自分の理想を押し付けました。何よりも吉野は、そのような理屈の追求は日本の国益にもとづいても不利益になると言っていますから、ウィルソンを崇拝しているとは、とても考えられないのです。

なお、私は吉野に関しては何本か学術論文を書いているのですが、吉野とウィルソンの関係については、「吉野作造におけるバルカン半島観とウィルソニズム」(『政教研紀要』第二九号、二〇〇七年)をどうぞ。

年月を経るごとに劣化するウィルソン研究

この本は、吉野の本ではないのですが、最近になるほど研究が退化しているのは吉野もウィルソンも同様です。いずれも通説を作り出す学界の事情が背景にあります。

吉野は言論活動をしていた現役の頃から、右からも左からも大いに批判されたような人です。吉野の先行研究は、次の四つに分けられます。

①共産主義の立場から、褒め称える。「ちっとはマシな奴だった」。
②共産主義の立場から、やっぱり批判する。「こいつは帝国主義者だ」。
③共産主義ではない立場から、持ち上げる。主流派。
④共産主義ではない立場から、批判する。

これを学術論文の形式で読みたい方は、「大正デモクラシー期における『憲政の常道』と『国家主義』――吉野作造の場合――」（鳥海靖《とりうみやすし》ほか編『日本立憲政治の形成と変質』吉川弘文館、二〇〇五年、所収）を参照してください。

論文を書いた当時、かなり強引な分け方ではないかという批判も浴びましたが、吉野作造は実際に、共産主義の立場と共産主義ではない立場の両方から、それぞれ褒めたり貶されたりしているのです。ちなみに、先に挙げた西尾氏や中西氏の吉野批判は④にあたります。

元々あった吉野作造の評価は、①と②です。共産主義の立場から、大日本帝国時代にあっても吉野はマシな人だったのか、それともやっぱり批判すべきなのかという論争がありました。その中で、吉野の後継者にして孫弟子の三谷太一郎教授が、原敬と吉野を両方褒めるという、器用なことをやってのけます。これが③の主流派の立場です。

三谷太一郎氏にしても、東大の退官後は岩波文化人になるような、どちらかと言えばややリベラル傾向の人です。それでも、思想的立場は抜きにして参考にできる、事実にもとづいた研究を残しています。たとえば、三谷氏の『日本政党政治の形成――原敬の政治指導の展開』（東京大学出版会、一九九五年）は、原敬日記その他の一次史料を使い、原が山県有朋に戦いを挑んだことが事実にもとづいて実証的に書かれている論文です。この論文に対して、「マルクスの理論を使わないで歴史学の論文や著書を書くとは何事か！」という書評が書かれる、信じられない時代です。

三谷氏と同じくらいの世代には、日本近現代史の泰斗の伊藤隆東大名誉教授があり、歴史学黄金時代の人々です。この世代の前はマルキストにあらずんば学者にあらずで、後の世代が北岡伸一氏らの時代になります。

北岡伸一氏は、帝国主義は長期的に見てよろしくない、と断じる立場です。師の三谷氏が自分の思想をかなり抑えて論文を書いているのに対して、北岡氏はウィルソンに関することだけは、どうしても崇拝の念が抑えられないようです。

ウィルソンの研究も、日本語で書かれたものだけを追っていっても、先行研究には聖人君子ではないウィルソンは結構出て来ます。戦前の外務省に務めた鹿島守之助の著作、『日本外交史12　パリ講和会議』（全三十四巻・別巻四巻、鹿島研究所出版会、一九七〇～一九七四年）を見ると、第一次世界大戦の和平工作やパリ講和会議で日本を含む交戦当事国の交渉をウィルソンが引っ掻き回す様子は、外交文書からもはっきりわかります。著者の鹿島守之助氏は外交史学者としても知られていて、鹿島組（現在の鹿島建設）社長を経て第二次世界大戦後は政界へ進出した人です。

それが現在に近づくにつれて、研究が退行していっているのです。

はっきり言えば、学界で一番偉い北岡伸一氏がウィルソン礼賛なので、自由な研究ができないからです。やってもいいのですが、北岡氏とその徒党に喧嘩を売る覚悟は必要です。

細谷雄一氏など、第一次世界大戦中のイギリスでエドワード・グレイ外相とアーサー・バルフォア外相時代を支えたアーサー・ニコルソン外務事務次官とその子、ハロルド・ニコルソンを取り上げながら、結局は「ニコルソンは必ずしも、ウィルソンの理念それ自体を批判しているのではない」としています（細谷雄一『大英帝国の外交官』筑摩書房、二〇〇五年）。外交官としてパリ講和会議に随行したハロルド・ニコルソンが、ウィルソンとその「新外交」に対して全否定と言ってもいい批判をしていることを取り上げているにも関わらず。

以上、日本ではウィルソンは偉人として扱われてきた理由がおわかりでしょうか。理由は、学界の主だった研究者がウィルソン崇拝者であり、とても異論が許される環境ではないからです。だから、学界の多数説が載る歴史教科書では「偉人」としてのみ教えられ、研究は退化していきます。

歴史なんてオタクの話なんだから、放っておけばよいと考える人もいるでしょう。しかし、ウィルソンは単なる過去の遺物ではありません。我々が生きている時代の根源なのです。しかも、ウィルソン主義は、世界の病理の根源です。

そこに病人がいる。ならば、病原体を解明して処方箋を見つけるだけです。

病人とは誰か。日本国と日本人全体です。ウィルソンを解明するとは、日本の病理を知ることなのです。

だから私は、この本を書いたのです。

おわりに

私の本業は教養書を出版することである。教養とは、専門の前提となる基礎体力のことである。

私の学者としての専門は昭和初期の「憲政の常道」である。「憲政の常道」とは何かを理解する為には「ウッドロー・ウィルソンについて、これくらい知っておかねば」の水準が教養である。大学で専門外の内容を教える際に、教員として知っておくべき水準でもあろう。

思えば二十年以上、ウィルソン主義と格闘してきた。日本と世界を蝕《むしば》む病である。この日本と世界を苦しめている病原体について、一人でも多くの人が知り、立ち向かってくれることが救国《くにまもり》の第一歩だと信じている。

本書でも倉山工房工房長の細野千春さんにはお世話になった。私の分身として苦楽を共にしてくれる仲間がいることがどれほど頼もしいか。

ＰＨＰ研究所の白地利成さんは、出版以外の事でも助けていただいている、救国の仲間だ。私のしくじりやつまずきも無言で挽回してくださる。

仲間に感謝して筆をおく。

PHP新書

PHP INTERFACE
https://www.php.co.jp/

倉山 満［くらやま・みつる］

1973年、香川県生まれ。憲政史研究家。96年、中央大学文学部史学科を卒業後、同大学院博士前期課程修了。在学中より国士舘大学日本政教研究所非常勤研究員として、2015年まで同大学で日本国憲法を教える。12年、希望日本研究所所長を務める。同年、コンテンツ配信サービス「倉山塾」を開講、翌年には「チャンネルくらら」を開局し、大日本帝国憲法や日本近現代史、政治外交について積極的に言論活動を展開している。20年6月に一般社団法人救国シンクタンクを設立し、理事長・所長に就任。近著に『保守とネトウヨの近現代史』(扶桑社新書)、『若者に伝えたい 英雄たちの世界史』(ワニブックス)、『ウェストファリア体制』(PHP新書)など、多数がある。

ウッドロー・ウィルソン　（PHP新書 1241）
全世界を不幸にした大悪魔

二〇二〇年十一月二十六日 第一版第一刷

著者――倉山 満
発行者――後藤淳一
発行所――株式会社PHP研究所
東京本部――〒135-8137 江東区豊洲5-6-52
第一制作部 ☎03-3520-9615(編集)
普及部 ☎03-3520-9630(販売)
京都本部――〒601-8411 京都市南区西九条北ノ内町11
組版――有限会社メディアネット
装幀者――芦澤泰偉＋児崎雅淑
印刷所
製本所――図書印刷株式会社

ISBN978-4-569-84772-6

ＰＨＰ新書刊行にあたって

「繁栄を通じて平和と幸福を」（PEACE and HAPPINESS through PROSPERITY）の願いのもと、ＰＨＰ研究所が創設されて今年で五十周年を迎えます。その歩みは、日本人が先の戦争を乗り越え、並々ならぬ努力を続けて、今日の繁栄を築き上げてきた軌跡に重なります。

しかし、平和で豊かな生活を手にした現在、多くの日本人は、自分が何のために生きているのか、どのように生きていきたいのかを、見失いつつあるように思われます。そして、その間にも、日本国内や世界のみならず地球規模での大きな変化が日々生起し、解決すべき問題となって私たちのもとに押し寄せてきます。

このような時代に人生の確かな価値を見出し、生きる喜びに満ちあふれた社会を実現するために、いま何が求められているのでしょうか。それは、先達が培ってきた知恵を紡ぎ直すこと、その上で自分たち一人一人がおかれた現実と進むべき未来について丹念に考えていくこと以外にはありません。

その営みは、単なる知識に終わらない深い思索へ、そしてよく生きるための哲学への旅でもあります。弊所が創設五十周年を迎えましたのを機に、ＰＨＰ新書を創刊し、この新たな旅を読者と共に歩んでいきたいと思っています。多くの読者の共感と支援を心よりお願いいたします。

一九九六年十月

ＰＨＰ研究所

1111 北条氏康 関東に王道楽土を築いた男 伊東 潤／板嶋常明
1115 古代の技術を知れば、『日本書紀』の謎が解ける 長野正孝
1116 国際法で読み解く戦後史の真実 倉山 満
1118 歴史の勉強法 山本博文
1121 明治維新で変わらなかった日本の核心 猪瀬直樹／磯田道史
1123 天皇は本当にただの象徴に堕ちたのか 竹田恒泰
1129 物流は世界史をどう変えたのか 玉木俊明
1130 なぜ日本だけが中国の呪縛から逃れられたのか 石 平
1138 吉原はスゴイ 堀口茉純
1141 福沢諭吉 しなやかな日本精神 小浜逸郎
1142 卑弥呼以前の倭国五〇〇年 大平 裕
1152 日本占領と「敗戦革命」の危機 江崎道朗
1160 明治天皇の世界史 倉山 満
1167 吉田松陰『孫子評註』を読む 森田吉彦
1168 特攻 知られざる内幕 戸髙一成［編］
1176 「縄文」の新常識を知れば 日本の謎が解ける 関 裕二
1177 「親日派」朝鮮人 消された歴史 拳骨拓史
1178 歌舞伎はスゴイ 堀口茉純
1181 日本の民主主義はなぜ世界一長く続いているのか 竹田恒泰
1185 戦略で読み解く日本合戦史 海上知明
1192 中国をつくった12人の悪党たち 石 平
1194 太平洋戦争の新常識 歴史街道編集部［編］
1197 朝鮮戦争と日本・台湾「侵略」工作 江崎道朗
1199 関ヶ原合戦は「作り話」だったのか 渡邊大門
1206 ウェストファリア体制 倉山 満
1207 本当の武士道とは何か 菅野覚明
1209 満洲事変 宮田昌明
1210 日本の心をつくった12人 石 平
1213 岩崎小彌太 武田晴人
1217 縄文文明と中国文明 関 裕二
1218 戦国時代を読み解く新視点 歴史街道編集部［編］
1228 太平洋戦争の名将たち 歴史街道編集部［編］

［政治・外交］

318・319 憲法で読むアメリカ史（上・下） 阿川尚之
426 日本人としてこれだけは知っておきたいこと 中西輝政
745 官僚の責任 古賀茂明
826 迫りくる日中冷戦の時代 中西輝政
841 日本の「情報と外交」 孫崎 享
874 憲法問題 伊藤 真

1163 AI監視社会・中国の恐怖　宮崎正弘
1169 韓国壊乱　櫻井よしこ／洪 熒
1180 プーチン幻想　グレンコ・アンドリー
1188 シミュレーション日本降伏　北村 淳
1189 ウイグル人に何が起きているのか　福島香織
1196 イギリスの失敗　岡部 伸
1208 アメリカ 情報・文化支配の終焉　石澤靖治
1212 メディアが絶対に知らない2020年の米国と日本　渡瀬裕哉
1225 ルポ・外国人ぎらい　宮下洋一
1226 「NHKと新聞」は嘘ばかり　髙橋洋一
1231 米中時代の終焉　日高義樹

［宗教］

123 お葬式をどうするか　ひろさちや
300 梅原猛の『歎異抄』入門　梅原 猛
849 禅が教える 人生の答え　枡野俊明
868 あなたのお墓は誰が守るのか　枡野俊明
955 どうせ死ぬのになぜ生きるのか　名越康文

［地理・文化］

264 「国民の祝日」の由来がわかる小事典　所 功
465・466 ［決定版］京都の寺社505を歩く（上・下）　山折哲雄／槇野 修
592 日本の曖昧《あいまい》力　呉 善花
639 世界カワイイ革命　櫻井孝昌
650 奈良の寺社150を歩く　山折哲雄／槇野 修
670 発酵食品の魔法の力　小泉武夫／石毛直道［編著］
705 日本はなぜ世界でいちばん人気があるのか　竹田恒泰
757 江戸東京の寺社609を歩く 下町・東郊編　山折哲雄／槇野 修
758 江戸東京の寺社609を歩く 山の手・西郊編　山折哲雄／槇野 修
845 鎌倉の寺社122を歩く　山折哲雄／槇野 修
877 日本が好きすぎる中国人女子　櫻井孝昌
889 京都早起き案内　麻生圭子
890 反日・愛国の由来　呉 善花
934 世界遺産にされて富士山は泣いている　野口 健
936 山折哲雄の新・四国遍路　山折哲雄
948 新・世界三大料理　神山典士［著］／中村勝宏、山本豊、辻芳樹［監修］
971 中国人はつらいよ——その悲惨と悦楽　大木 康
1119 川と掘割〝20の跡〟を辿る江戸東京歴史散歩　岡本哲志
1182 京都の通りを歩いて愉しむ　柏井 壽
1184 現代の職人　早坂 隆